Rosalie Linner
Mein Leben als Landhebamme

Rosalie Linner

Mein Leben als Landhebamme

rosenheimer

Vorwort

1943. Eine Bombennacht in einem Luftschutzkeller in Frankfurt am Main: Enge, Angst und die Detonationen in nächster Nähe. Es ist die Nacht, in der die damals 25-jährige Rosalie Linner ein Erlebnis hat, das prägend für ihr weiteres Leben wird: In einer Ecke des Kellers liegt eine junge Frau in den Wehen. Linner, die damals außer einem Erste-Hilfe-Kurs keinerlei einschlägige Vorkenntnisse hat, hilft und tut instinktiv das Richtige. Inmitten von Zerstörung und Tod kommt ein gesundes Kind zur Welt.

Einige Jahre später, in den mageren Zeiten bald nach dem Krieg, hat die energische Geburtshelferin von Frankfurt ihre Berufung zum Beruf gemacht. Es sind noch etliche Hürden zu überwinden, ehe die gebürtige Bayerwäldlerin schließlich in Oberbayern die begehrte Niederlassungserlaubnis als Landhebamme bekommt.

Fast vier Jahrzehnte lang ist sie von da ab unterwegs, um Kindern zum Leben zu verhelfen. Oft in abgelegenen Gehöften, bei Wind und Wetter, zunächst viele Jahre noch mit dem Fahrrad. Sie muss immer wieder improvisieren, wenn es unerwartete Komplikationen bei der Geburt gibt und, mangels Telefon und Auto, keine Möglichkeit besteht, noch rechtzeitig einen Arzt herbeizurufen.

Für die einfachen Leute, mit denen sie vielfach zu tun hat, ist sie nicht nur Geburtshelferin, sondern auch Seelentrösterin und oft genug Doktor-Ersatz. So erhält sie einen tiefen Einblick in deren Lebensumstände, ihre Nöte und Sorgen, ihre großen und kleinen Freuden, ihre Sehnsüchte und Ängste. Sie bekommt aus nächster Nähe mit, ob ein Kind mit Freude erwartet wird oder unerwünscht ist, sie erfährt von Eheschwierigkeiten, von enttäuschter Liebe und von Reibereien mit den Eltern, den Schwiegereltern oder der Verwandtschaft. Echte Religiosität und tiefes Gottvertrauen erlebt sie ebenso wie manchmal geradezu kuriosen Aberglauben, Misstrauen oder Gleichgültigkeit gegenüber dem eigenen Mann oder der Frau ebenso wie bedingungslose Liebe und Anhänglichkeit an den Partner.

Es versteht sich von selbst, dass eine solche Frau viel zu sagen hat. In ihren beiden Büchern »Tagebuch einer Landhebamme« und »Als Landhebamme unterwegs« hat sie Episoden aus ihrer langjährigen Berufspraxis erzählt und uns dabei immer wieder auch Anlass zum Nachdenken über uns selbst und über unsere Zeit gegeben. Die große Resonanz, die diese beiden Werke gefunden haben, haben Rosalie Linner und uns ermutigt, ein drittes Buch dieser Art in Angriff zu nehmen – mit neuen, bisher unveröffentlichten Geschichten. Es lässt vor unseren Augen ein anschauliches Bild vom Wirken einer Landhebamme in den Nachkriegsjahren, der Wirtschaftswunderzeit und in den Tagen entstehen, als im Zeichen des medizinischen Fortschritts – oder einfach eines modischen Trends? – Hausgeburten zur Seltenheit wurden.

Der Verlag

Inhalt

Ein Albtraum	9
Verhängnisvolle Liebe	18
Wo bleibt der Stammhalter?	31
Endlich ein Bub?	39
Ende gut, alles gut?	46
Zu viel des Guten	56
Unvernunft tut selten gut	61
Macht Reichtum glücklich?	65
Arm an Geld, reich an Kindern	71
Innerlich arm	75
Herzenskälte	82
Immer nur Kälte	91
Mehr Glück als Verstand	98
Wer zu spät kommt ...	106
Wer kann hier Recht sprechen?	115
Lügen haben kurze Beine	125
Rein vor Gott und den Menschen	131
Göttlicher und menschlicher Beistand	138
Zwischen Himmel und Erde	142
Komik und Tragik	154
Tragik	159
Ausgleichende Gerechtigkeit	166
Schlusswort	175

Ein Albtraum

Es war das Los der Landhebamme und damit auch das meine, sich immer bereitzuhalten, um jedem Abruf Folge leisten zu können, auch wenn der Hilferuf bewusst oder unbewusst vorgetäuscht war. Sei es am Tag oder bei Nacht, bei Sturm oder Gewitter, es gab kein Pardon, selbst wenn der Abruf zu einer Zeit kam, die höchst ungelegen war.

Es war ein heißer Sommertag, die Luft flimmerte schon am Morgen und alle Anzeichen deuteten darauf hin, dass heute ein kräftiges Gewitter kommen würde, das sich voraussichtlich gegen Abend entladen wird. Ich verabschiedete mich gerade von der Huberin am Holz, die heute ihr drittes Kind bekommen hatte, als die ersten Gewitterwolken im Westen heraufzogen. »Jetzt kommst grad noch rechtzeitig heim, bevor es das Regnen anfängt«, meinte besorgt die Huberin.

»Das wird heute ein arges Gewitter, weil die Viecher so damisch sind«, prophezeite der Huber am Holz, »und die Ross', die führn sich auf, als wenn sie verrückt wärn.«

Ich trat kräftig in die Pedale meines Fahrrades, um vor dem Gewitter, das immer näher heranrückte, noch heimzukommen. Eine Ringelnatter kroch quer über die Straße und verschwand im Gebüsch; sie spürte wohl auch die kommende Gefahr.

Schnaufend erreichte ich mein Zuhause, froh, ein

schützendes Dach über meinem Kopf zu haben, wenn sich das Unwetter entlädt. Müde von der anstrengenden Strampelei, freute ich mich, daheim zu sein, ein wenig Ruhe zu haben. Doch diese Freude war von kurzer Dauer, denn das Telefon klingelte. »Du musst gleich zu der Daxbergerin auf den Brandberg kommen, soll ich dir ausrichten.« Es war die Wirtin vom Stempfl, die mir diese Nachricht übermittelte. Um die Wichtigkeit dieser Botschaft zu unterstreichen, fuhr sie fort: »Die alte Daxbergerin war da, ganz aufgeregt war sie, weil es bei ihrer Schwiegertochter, der Emmi, so weit ist. Sie hat sich gleich wieder auf den Weg gemacht, weil das Wetter schon hinten steht und nass werden möcht sie auch net, hat s' gemeint.«

»Komm, wir müssen fort, wir zwei, wenn's auch schwer fällt«, sagte ich zu meinem treuen Drahtesel, mit dem ich gelegentlich geheime Zwiegespräche hielt. Der Weg führte über eine steinige, holprige Straße, über furchige Wiesenwege, bis mich der Wald aufnahm. Bald fielen die ersten schweren Tropfen. Ich kam an der Waldlichtung an, von wo aus man den Brandberg vor sich hatte. Der hatte mir schon des Öfteren Kummer bereitet. Es regnete jetzt in Strömen und gleichzeitig setzte ein Tosen und Brausen ein, Sturm und Regen peitschten um mein Gesicht, Blitz und Donner lehrten mich das Fürchten. Alle Naturgewalten schienen losgelassen. Ich bemühte mich mit aller Kraft, vorwärts zu kommen, um den schützenden Wald zu erreichen, der den tobenden Sturm wenigstens teilweise von mir abhielt. Da fiel mit einem furchtbaren Krach hinter mir ein großer Baum, abgeknickt von dem heftigen Sturm, auf den Waldweg, der nun hinter mir blockiert war. Bald darauf noch einmal dieser ohrenbetäubende Lärm. Ein zweiter Riese fiel etwas weiter vorne ebenfalls auf den Weg, den ich unbedingt nehmen musste. Ich konnte weder vor noch zurück. Auch ein Ausweichen zur Seite war nicht möglich wegen dem steilen Berghang auf der einen und dem Abgrund auf der anderen Seite. Ich war eingesperrt. Mit dem Fahrrad gab es kein Weiterkommen mehr. Ich musste sehen, wie ich zu Fuß den höchsten Punkt des Brandberges erreichen konnte. Den Hebammenkoffer hielt ich fest in meiner Hand, musste aber dann feststellen, dass ich beide Hände freihalten musste, um überhaupt vorwärts zu kommen. Mit dem Riemen, mit dem ich diesen für mich wichtigsten Gegenstand am Fahrrad festschnallte, nahm ich den Koffer über meine Schultern und versuchte unter Sturm, Donner und Blitz, und manchmal auch auf allen Vieren, die steilere Abkürzung den Berg hinaufzukommen. Völlig durchnässt erreichte ich das Plateau und bald das kleine Häusl der Daxbergers, in dem eine werdende Mutter vermutlich ängstlich und ungeduldig auf mich wartete.

Bei meinem Anblick hörte ich die alte Daxbergerin ausrufen: »Du bist ja nass wie ein Hund«, als ich die Kleidung unter dem Vordach des Hauses ausschüttelte. »Das ist aber auch ein Sauwetter wie selten eines«, stellte die Daxbergerin anschließend fest und meinte gutmütig: »Geh hinein in die Stube, setz dich nieder und schnauf dich aus, pressieren tut's eh net!«

Ich höre wohl nicht richtig, überlegte ich, ich werde diesen schwierigen Weg doch nicht umsonst gemacht haben. Die alte Daxbergerin kannte ich schon lange und wusste, dass ihr Gerede häufig ein wenig wirr, zusammenhanglos und ohne rechten Sinn war. Ich betrat eine geräumige Stube, die zu ebener Erde lag, und wusste einen Augenblick lang nicht, was ich sagen sollte. Ich vergaß sogar den Gruß, den die Höflichkeit normalerweise erfordert. Statt eine werdende Mutter vorzufinden, die mit heftigen Wehen kämpfte, sah ich die Emmi am Nudelbrett mit kräftigen, flinken Armen einen Teig verarbeiten, der, wie es schien, mühelos durch ihre Hände ging. Man konnte ihr ansehen, mit wie viel Begeisterung sie diese Arbeit tat, als sie eine Teigkugel nach der anderen auf dem Nudelbrett anordnete. Lachend sah sie mir entgegen, ab und zu eine Haarsträhne aus ihrem Gesicht wischend, um sich dann wieder hingebungsvoll ihrem Teig zuzuwenden. Meinen Ärger, meine Enttäuschung schien sie nicht zu bemerken, als sie zu sprechen begann: »Hast bestimmt gemeint, ich krieg heute schon mein Kind, wie dich die Stempfl-Wirtin antelefoniert hat, aber die Mutter hat auch gemeint, es ist besser, wenn wir dich holen lassen, auch wenn's noch net so weit ist, weil ich noch nix spür.«

Nur mühsam fand ich meine Sprache wieder. Der Ärger über das Verhalten dieser beiden Frauen war tief, wenn ich an die Strapazen dachte, die hinter mir lagen. »Da jagst du mich bei diesem Wetter auf den Brandberg, einfach so, weil es dir Spaß macht?«, fragte ich verärgert. Meinen Zorn musste sie inzwischen bemerkt haben, als sie einlenkend antwortete: »Nix für ungut, aber umsonst hätt ich dich net holen lassen.« Gespannt wartete ich auf eine Erklärung der Emmi, die nun doch etwas schuldbewusst dreinschaute. Sie sagte: »Heute ist mir etwas ganz Furchtbares passiert.« Dabei bekreuzigten sich die beiden Frauen, als ob sie noch im Nachhinein die bösen Geister verscheuchen müssten. Emmi unterbrach ihre Arbeit, als sie mir die mysteriöse Geschichte erzählte, in der ein Pfefferstreuer eine wichtige Rolle spielte und sie in Angst und Schrecken versetzte. »Heut Nacht hab ich geträumt, du bist zu mir auf den Brandberg net raufkommen, als ich dich gebraucht hätt. Das allein ist ja schon ein Unglück. Die Angst in der Nacht, die war grausam, und dann in der Früh ist mir das passiert: Ich hab das Pfefferbüchsl umgekippt und der Pfeffer hat sich auf dem Tisch und auf dem Boden verteilt; ist das net schrecklich?«

Betroffen und schweigsam hörte die alte Daxbergerin die Erzählung ihrer Schwiegertochter an, der jedes Lächeln aus dem Gesicht entschwunden war. Stattdessen bildeten sich zwei steile Falten auf ihrer Stirn, die Angst und Unsicherheit ausdrückten. Still stand sie vor mir, die Emmi, noch ganz unter dem Eindruck des Geschehenen und in Erwartung des bevorstehenden Unglücks, das über die Daxbergers kommen wird.

Ein Pfefferstreuer, überlegte ich. Deswegen eine solche Aufregung. Von meiner Schinderei ganz zu schweigen. Es war, als ob mich der Brandberg immer wieder schikanieren wollte; des Öfteren hatte ich schon Probleme mit ihm gehabt.

Nach dem ausführlichen Bericht der Emmi saßen nun beide Frauen mit ihren Gedanken beschäftigt auf ihren angestammten Plätzen in der Stube. Sie sahen ihr kleines Glück in dem bescheidenen Häusl aufs Äußerste bedroht, und man konnte dieser Bedrohung nichts entgegensetzen, denn gegen höhere Gewalt gab es keine Hilfe.

Der Aberglaube ist in diesen Menschen tief verwurzelt, und ganz besonders in denen, die in der Einsamkeit leben. Gegen diese Einstellung kann man nicht angehen, mit keinem Argument, mit keiner logischen

Erklärung. Vorstellungen, die seit Generationen Gültigkeit haben, kann man mit Worten allein nicht abtun. Man muss die Gedanken, die das Innere dieser Menschen bewegen, verstehen lernen. Der zutiefst verwurzelte Aberglaube dieser beiden Frauen war die logische Erklärung für ihr Verhalten.

Die Emmi wischte sich in Gedanken an die vorangegangenen Ereignisse den Schweiß von der Stirn und erwartete von mir einen Trost, eine Erklärung, eine Hilfe, was auch immer. Vergessen war für Emmi der Nudelteig, der auf seine weitere Verarbeitung wartete. Sie gab sich weiter ihren trüben Gedanken hin, die sie, wie zu sehen war, erheblich belasteten. Wir hatten ein langes Gespräch, bei dem auch die alte Mutter aufmerksam zuhörte. Ich versuchte, ihr diesen Aberglauben auszureden, der in Anbetracht ihres Zustandes keine gute Voraussetzung für die Geburt ihres Kindes sei. Sie sollte sich mit guten, positiven Gedanken beschäftigen, die auch ihrem Kind zugute kommen könnten, erklärte ich ihr.

Emmi war eine aufmerksame Zuhörerin und, wie ich meinte, etwas getröstet. Zwischen den Gesprächen kamen jedoch immer wieder Zweifel, ob meine Worte glaubhaft seien, denn schon die Großeltern hatten gewusst, dass solche Zeichen Vorboten von Unglück sind. »Du meinst, dass das net stimmt, was meine Großmami allerweil gesagt hat, das mit dem Pfefferbüchsl, mein ich?« Gespannt wartete die Emmi auf meine Antwort.

»Das ist Aberglaube, Emmi«, versicherte ich ihr, »du solltest dich nicht an diese Weissagungen halten, denn nur deiner Ungeschicklichkeit ist es zuzuschreiben, dass dieses Malheur passiert ist.«

Inzwischen hatte sich die Natur draußen etwas beruhigt, es regnete nur noch leicht, sodass ich einen besseren Heimweg erwarten konnte. Mit ein paar tröstenden Worten verabschiedete ich mich von Emmi, als die alte Daxbergerin zur Tür hereinkam, deren Abwesenheit ich erst jetzt bemerkte. »Möchtest schon gehn?«, fragte sie. »Nix für ungut«, entschuldigte sich auch die Mutter, »dass wir dich bei dem Sauwetter da heraufgesprengt haben. Aber wir haben halt Angst gehabt, wir zwei. Mein Bub, der Michi, der ihr Mann ist«, dabei zeigte sie auf Emmi, die immer noch zweifelnd meinen Worten zuhörte, »der wird uns richtig schimpfen, wenn er heimkommt und erfährt, dass wir dich wegen dem ausgeschütteten Pfefferbüchsl auf den Brandberg raufgeholt haben, und noch dazu bei dem Sauwetter«, wiederholte sie sich. Sie wirkte ein wenig schuldbewusst, aber doch zufrieden, dass ich die Emmi in ihren seelischen Nöten nicht allein gelassen habe. Ein wenig gebückt, mit bloßen Füßen, ihr Kopftuch, das sie tief in ihr Gesicht gezogen hatte, voller Laub und Tannennadeln, so, als käme sie gerade vom Wald, stand sie mir klein und müde gegenüber. Ihre Hände zitterten ein wenig, als sie mir eine bunte Blechschüssel reichte mit den Worten: »Das hab ich noch geschwind vom Wald für dich reingeholt, damit du net ganz umsonst da raufkommen bist … und bei dem Wetter.«

»Dann sag ich halt Vergelt's Gott.« Herrlich frische Steinpilze in allen Größen waren es, die die alte Daxbergerin für mich im nahen Wald gesucht hatte. Diese so liebenswerte Geste berührte und beschämte mich gleichermaßen. Im Stillen schämte ich mich über meinen Ärger, als ich die Dankbarkeit dieser in der Abgeschiedenheit lebenden Menschen sah, die außer ihrem Glauben an Gott auch ihren Aberglauben lebten.

Nach mehreren Wochen rief man mich wieder auf den Brandberg; dieses Mal war der Ruf nach mir gerechtfertigt. Die Emmi erwartete mich schweißtriefend, mit großen, ängstlichen Augen. Ich kannte den Grund ihrer Angstgefühle, denn der verschüttete Pfeffer spukte, wie zu sehen war, immer noch in ihrem Kopf.

»Meinst, es wird gut gehen?«, fragte sie mich des Öfteren. Ihre Zweifel waren deutlich in ihr Gesicht geschrieben.

»Natürlich wird es gut gehen«, antwortete ich auf die immer gleiche ruhelose Frage. »Du bist gesund und was die Geburt angeht, ist alles in Ordnung, mach dir keine Sorgen. Oder denkst du immer noch an den verstreuten Pfeffer von damals?«

Emmi schwieg zu dieser Frage.

Da wusste ich mit Bestimmtheit, dass diese Begebenheit in ihrem Inneren immer noch lebte. Nach mehreren Stunden, welche die Emmi in Unsicherheit und Sorge verbrachte, kam das mit Ungeduld und verhaltener Freude erwartete Kind zum Leben. Die Nabelschnurumschlingung um den Hals des Kindes, die in diesem Fall aber keine akute Bedrohung für das Kind gewesen ist, war eine Abweichung vom Normalen, die manchmal zu Schwierigkeiten im Geburtsverlauf führen kann. Doch dieses kleine Mädchen hatte alles gut überstanden, es lebte, und Mutter und Kind ging es bestens.

Eltern und Großmutter standen staunend vor dem kleinen Wunder, das allen Unkenrufen zum Trotz frisch und gesund war. Die Abweichung im Verlauf der Geburt, die man nie ganz ausschließen kann, verschwieg ich den Eltern gegenüber. Emmi hätte sie mit Sicherheit dem verschütteten Pfeffer angelastet. Niemand erfuhr etwas davon, denn manchmal ist Schweigen die bessere Lösung. Nur mein Tagebuch kennt diese Wahrheit. Hier kam es mir wieder so recht zu Bewusstsein, dass Aberglaube die Menschen bis ins tiefste Innere erfassen kann, wofür auch echte Religiosität kein Hinderungsgrund ist.

Verhängnisvolle Liebe

Es war nichts Ungewöhnliches, besonders im ländlichen Gebiet, dass ein unehelich geborenes Kind zwar unerwünscht war, aber doch angenommen wurde, weil es nun einmal da war. Kam gelegentlich ein zweites, ebenfalls unehelich geborenes Kind dazu, so gab es nicht nur vermehrten Ärger, Schwierigkeiten und böse Worte, die kein Ende nehmen wollten. Vor allem war der gute Ruf der jungen, unehelichen Mutter dahin und die Heiratschancen waren sehr gering geworden. Kam es dann doch noch zu einer Heirat, so verhießen solche Verbindungen nichts Gutes. Wie oft hörte ich: »Wär ich doch allein geblieben mit meinen Kindern!« Immer wieder beklagten sich diese Mütter, wenn sich der Ehemann als äußerst schwierig erwies und die Vorwürfe über die »ledigen Bankerten« kein Ende nehmen wollten. Kam dann noch dazu, dass diese Kinder Schläge statt Zuwendung von ihrem Stiefvater bekamen, so war das für die Mutter ein seelisches Trauma. »Ich muss trotz allem schweigen«, hieß es dann, »er hat mir und den Kindern ein Zuhause gegeben.«

Ein solches Zuhause ist aber eine fragwürdige Angelegenheit, es fehlt etwas ganz Entscheidendes: die Liebe, die gegenseitige Zuneigung, das Dasein füreinander. In solchen Familien sah ich meist verstörte Kinder, traurige, verängstigte Jugendliche, die zwar ein Dach über dem Kopf, aber keine eigentliche Heimat hatten. Kamen dann noch eigene Kinder dazu, so wurden deutliche Grenzen gesetzt: hier die Eigenen, dort die Fremden, die Unerwünschten, die man zwangsläufig dulden musste. Ich erlebte dieses Trauma immer wieder, auch wenn nach außen hin Harmonie demonstriert wurde. Die großen Kinderaugen erzählten oft von unausgesprochenem, tiefem Leid. Es war mir häufig unverständlich, wie sich manche dieser Mütter duckten, stillhielten gegenüber ihren Ehemännern, keinen Widerspruch kannten und ständig in der Furcht lebten, eventuellen Ausschreitungen begegnen zu müssen.

Es war die Zeit des Aufschwunges. Der Krieg hatte seine Spuren hinterlassen, aber es gab berechtigte Hoffnung auf ein neues, besseres Leben. Auch auf dem Land wurde der Umbruch zum Besseren sichtbar. Der Bauernstand holte mit neuen, modernen Arbeitsgeräten auf, Haus und Hof wurden modernisiert, die Arbeit wurde erleichtert. Auf meinen Dienstwegen nahm ich diese Veränderungen mit Bewunderung und Staunen war. Ein neues Zeitalter war im Kommen.

Vroni, die langjährige Stütze der verwitweten Stetterbäuerin, die kein Dienstbote im eigentlichen Sinn war, sondern die zum Hof und zur Familie gehörte, wurde von allen, die sie kannten, als Stetter-Vroni geschätzt und geachtet. Eine tüchtige, umsichtige junge Frau, die ihre ganze Kraft in diesem Hof einsetzte, so, als sei er ihr eigener. Vroni dachte nicht an Heirat, wie es schien, sie war mit ihrem Leben auf dem Stetterhof zufrieden, für den sie von früh bis spät rackerte. Hin und wieder gab es Bewerber, aber zu einer festen Bindung kam es nicht.

Jahre vergingen und plötzlich wurde ihr bewusst, dass sie sich den Dreißigern näherte und dass es Zeit würde, einen eigenen Hausstand zu haben. Mit einem Mal sah die Vroni, dass sie die besten Jahre ihres Lebens nicht genutzt hatte, dass sich nun keine Bewerber mehr fänden, die sich um sie bemühen würden. Ihre Heiratschancen waren trotz ihrer Tüchtigkeit gering geworden.

Aber dann kam die Wende im Leben der Vroni und – wie ich meine – eine schicksalhafte, folgenschwere Wende, der sie nicht entgehen konnte, nicht entgehen wollte. Ein junger Mann, der in einem nahe gelegenen Betrieb arbeitete, bemühte sich um sie, besser gesagt, verfügte über sie, weil er außer finanziellen Vorteilen noch anderes erwarten konnte. Vroni, die nun im Hochgefühl einer nie gekannten Liebe lebte, war in ihr gefangen. Auf alle wohlgemeinten Warnungen der besorgten Bäuerin achtete sie nicht, sie war wie verzaubert, sie war nicht mehr sie selbst.

Ein Jahr verging. Für Vroni war es ein Jahr höchsten Glücks, aber auch tiefer Sorgen. An einem regnerischen Tag begegnete sie mir, als ich von einer Wochenpflege kam, und um mit mir sprechen zu können, hielt sie mich an. Ich hatte richtig vermutet: Vroni wird in einigen Monaten meine Hilfe brauchen. Ihr sonst so klarer Blick wirkte müde, die ersten Fältchen bildeten sich um Mund und Augen, sie wirkte älter, als sie in Wirklichkeit war. Ihre einst so helle, lebensfrohe Stimme war gedämpft und unsicher. Vroni, diese liebenswerte, junge Frau, die ich von früher her kannte, hatte sich verändert, sie war eine andere geworden. Ich erfuhr von ihr, dass sie von Konstantin dieses Kind erwarte und dass er eine

Heirat vor der Geburt dieses Kindes, die sie sich so sehr gewünscht habe, abgelehnt hätte. »Ich muss es hinnehmen, obwohl es mich sehr bedrückt«, sagte sie verbittert. Einige Monate nach diesem Gespräch wurde ein gesunder Bub geboren und Vroni nahm ihn liebevoll in ihre Arme und streichelte sein nasses Köpfchen. Ihre etwas herben Gesichtszüge wurden dabei weich, warm, mütterlich. Den Namen des Kindes bestimmte allein die Vroni, weil sich Konstantin nicht sehen ließ. Sie nahm dies ohne Widerspruch hin. Auch sonst sprach sie nicht über den Kindesvater und sein Verhalten. Konnte sie nicht oder wollte sie nicht? Das war schwer zu beantworten, denn Vroni wollte niemandem Einblick in ihr Inneres geben.

Nach einer Woche brachte ich die Mutter und ihr Kind aus dem Krankenhaus auf den Stettnerhof zurück. Die mütterliche, warmherzige Bäuerin hatte für den Empfang der beiden alles mit sehr viel Sorgfalt vorbereitet. »Meine Kinder sind eh schon groß und genug Platz haben wir auch. Es wird schon gehen«, meinte diese gütige Frau zu mir. Wieder einmal war ich froh, dass ein ungewolltes Kind ein echtes Zuhause gefunden hatte.

Zu Vroni meinte ich abschließend: »Wäre es nicht besser, du würdest dich von diesem Mann trennen? Sein Verhalten gefällt mir nicht. Und was das Kind angeht, kann es hier unter so guten Bedingungen aufwachsen. Du bist auf diesen Mann nicht angewiesen. Es ist sehr fraglich, ob sich Konstantin nach einem zweiten Kind, mit dem du nach großer Wahrscheinlichkeit rechnen musst, zu einer Heirat entschließen wird.« Vroni sah mich an und sagte mit fester Stimme: »Konstantin und das Kind gehören zu mir, daran wird sich nichts ändern.«

Vroni ging wieder ihrer Arbeit auf dem Stetterhof nach und versorgte zusammen mit der Bäuerin ihr Kind, das gut gedieh und keinerlei Sorgen machte. Konstantin ließ sich immer weniger sehen, seine Besuche wurden immer rarer und das Interesse für sein Kind war, wenn überhaupt, gering. Seinen Urlaub verbrachte er weitab von Vroni und seinem Sohn.

Wiederum verging ein Jahr, das dem Stetterhof reiche Ernte einbrachte. Zufrieden blickte man auf dieses segensreiche Jahr zurück, welches den Wohlstand des Hofes vermehrte. Vroni erwartete, wie vorauszusehen war, ihr zweites Kind. Sie kam zu dessen Geburt zu mir, nachdem Andreas erst ein Jahr alt geworden war. Auch dieses Mal bestimmte die Mutter den Namen des Kindes, weil der Vater nicht bereit war, sich bei Mutter und Kind während der Frist von einer Woche, in der die standesamtliche Meldung vorgenommen werden musste, zu melden. Die Enttäuschung war der Vroni ins Gesicht geschrieben, aber sie schwieg auch dieses Mal. Hin und wieder überraschte ich sie, wenn sie am Krankenhausfenster stand und sehnsüchtig auf den Weg sah, der zum Eingang des Hauses führte. Sie wartete auf ihn, Konstantin, der sie immer wieder enttäuschte und dem sie stets verzeihen konnte. Auch das zweite Kind fand Platz auf dem Stetterhof, dessen Menschen an dem Leid anderer nicht vorbeischauen können, die bereit sind, in der Not zu helfen, auch wenn eigene Interessen zurückstehen müssen. Beide Buben konnten dadurch zusammen aufwachsen; ihnen blieb das Heim erspart, eine gute Voraussetzung für ihr späteres Leben.

Von einer Heirat mit Konstantin war immer noch keine Rede, und wie es schien, hatte Vroni resigniert. Widerstandslos fügte sie sich in das Unabänderliche.

Ich sprach auch dieses Mal ihre Beziehung zu Konstantin an: »Willst noch immer an diesem Mann festhalten, obwohl du siehst, dass er keine feste Bindung mit dir will?«

Diesmal schwieg die Vroni zu meiner Frage. Ich sah aber die Tränen in ihren Augen.

Als ich mich zum Gehen wandte, stand plötzlich die Stetterbäuerin vor mir. Ihre Miene war besorgt, als sie über die Beziehung dieser beiden Menschen mit mir sprach: »Dieser unverschämte Kerl«, sagte sie. Man sah ihr den Ärger an, als sie diese Worte aussprach. »Der nimmt das Dirndl aus wie eine Weihnachtsgans. Ständig kommt er, fordert Geld von ihr, bedrängt sie, dass der kleine Besitz ihrer Mutter endlich an sie übergehen soll. Die Gründe dafür sind allzu deutlich«, ärgerte sich die Stetterbäuerin. Aber Vronis Mutter sah den Lauf der Dinge so, wie sie in Wirklichkeit waren, und entschied anders. Aufgebracht berichtete die Stetterbäuerin weiter: »Er zahlt keine Alimente, er will nur nehmen, niemals geben, und öffentlich lässt er sich mit der Vroni nirgends sehen und das ärgert mich.«

»Sein Auftreten«, sprach sie weiter, »ist rücksichtslos, fordernd, gelegentlich sogar drohend und die Vroni schweigt dazu«, resümierte die Stetterin. »Sie ist für keinen noch so guten Rat aufnahmefähig. Die Vroni ist ihm hörig. Nichts und niemand wird sie von ihm trennen können. Das weiß er und seine Forderungen werden immer unverschämter.« Vroni war in den Fängen dieses Mannes, sie war ihm verfallen, ihm, der sie rücksichtslos ausnützte und immer wieder zutiefst demütigte. Die Liebe hatte diese junge Frau zur Sklavin gemacht. Ein böses Erwachen war vorauszusehen.

Das bäuerliche Jahr verging im Kreis der Jahreszeiten; es ging seinem Ende zu. Es war wieder ein gutes Jahr gewesen für den Stetterhof. Es wurde gesät, gearbeitet und reiche Ernte eingefahren. Man freute sich auf die geruhsame Zeit, die nun kommen würde. Die letzten Adventstage brachten Sturm und Schnee und Kälte und es waren nur noch wenige Tage bis Weihnachten, dem Friedensfest. In der Christnacht stand ich wieder, wie so oft, an einem Kreißbett. Vroni erwartete ihr drittes Kind, dem ich zum Leben verhelfen sollte. Alle guten Ratschläge und Ermahnungen hatte diese Frau, wie zu sehen war, nicht angenommen. Sie musste die Schwierigkeiten, die Belastungen, die mit einem dritten Kind auf sie zukamen, notgedrungen auf sich nehmen. Denn auch dieses Mal kam es zu keiner Heirat mit Konstantin, dem Kindesvater.

Wurde er gelegentlich von Bekannten und Kollegen daraufhin angesprochen und gefragt, welche Schwierigkeiten der Legalisierung des Verhältnisses mit Vroni im Wege stehen, dann antwortete er zynisch: »Ich heirate, wann es mir passt und wen ich will, aber nicht die Vroni.« Das war deutlich und es war zu erkennen, dass er sie nur für seine Zwecke benutzte. Nach diesem Ausspruch, der auch Vroni zu Ohren gekommen war, mieden ihn die Leute im Dorf auf ihre Weise. Sie gaben ihm zu verstehen, dass er nicht mehr zu ihnen gehörte, und wenn er sie ansprechen wollte, drehten sich die meisten um und gaben so zu erkennen, dass sie keinen Kontakt mit einem so ehrlosen Menschen wünschten. Nur Vroni nahm ihn wieder in ihre schützenden Arme. Was wollte er mehr.

Auch das dritte Kind fand Aufnahme im Stetterhof

und konnte mit seinen beiden Geschwistern unter der Obhut seiner Mutter aufwachsen. Diese großartige Stetterbäuerin tat dies ganz selbstverständlich, aus Christenpflicht, wie sie mir sagte, und um den Kindern das Heim zu ersparen. Obwohl sie das Verhalten beider Eltern kritisierte, stand sie doch, wie sie meinte, zu ihrer Verantwortung, weil sie glaubte, »aus so einem Heim geht keine Liebe hervor«.

»Wie soll da ein Kind ein rechter Mensch werden, die verkümmern ja. Nein, nein, das möchte ich den Kindern von der Vroni nicht antun.«

Diese dankte es ihr mit dem Einsatz ihrer ganzen Arbeitskraft und Loyalität dem Hof und seinen Besitzern gegenüber. Gelegentlich sah ich, wenn mich der Weg am Stetterhof vorbeiführte, nach Vroni und ihren Kindern, die heranwuchsen, gut gediehen, und die von ihrer Illegalität und den widrigen Umständen um ihr Dasein nichts wussten. Noch nicht. Vroni achtete sehr auf meine Anweisungen und Ratschläge, die ich ihr in Bezug auf die Kinder gab; sie stellte mir Fragen, und ihr Wohlergehen lag ihr sehr am Herzen. Doch wenn es um Konstantin und sein verantwortungsloses Verhalten ging, blockte sie ab. Ich fand keinen Zugang zu ihrem Inneren. Es war ein Teufelskreis.

Noch einmal musste Vroni als uneheliche Mutter ihr inzwischen viertes Kind zur Welt bringen. Sie tat es wortlos und unter Tränen. »Es ist mein Schicksal«, meinte sie zu mir. »Ich kann ihm nicht entgehen, ich muss es annehmen, ob ich will oder nicht.«

Als ich auch diesen kleinen Buben auf den Stetterhof brachte, kamen mir doch Bedenken, ob er wohl auch noch ein Zuhause hier finden wird, so wie seine Geschwister, die hier frei, naturverbunden, ohne größeren Zwang leben und aufwachsen durften. Meine Zweifel beseitigte die Stetterbäuern, als sie auch dieses Kind in ihre Arme nahm und unter zärtlichen Worten in sein Bettchen legte. Eine großartige Frau und Mutter, die Nächstenliebe nicht nur kannte, sondern sie auch mit allen Konsequenzen lebte, so, als sei dies ganz selbstverständlich. Der kleine Robert aber schien nicht für diese Welt geschaffen. Ein lebensfrohes, gesundes Kind, so glaubte man, das seinen Geschwistern in nichts nachstand, fing nach einigen Jahren zu kränkeln an und weder Ärzte noch Heilpraktiker konnten hier helfen. Der kleine Robert starb. Vroni nahm stumm, mit versteinertem Gesicht, den Tod ihres Kindes wahr. Tränen hatte sie keine mehr. Diese Mutter hatte schon zu viel geweint.

Wieder vergingen Jahre. Die ersten grauen Strähnen zeigten sich in Vronis Haar. Waren sie Spuren ihrer verhängnisvollen, aussichtslosen Liebe, an der sie mit jeder Faser ihres Herzens hing? Sie gewährte niemandem Einblick in ihr Inneres und so trug sie das Los, das sie sich selber aufgebürdet hatte, allein, still, ohne zu murren. Sie wollte keine Hilfe, auch nicht von denen, die ihr nahe standen. Dann kam ihr das Schicksal auf eine andere, erfreuliche Weise zu Hilfe. Eine kleine Erbschaft und ihr Erspartes ermöglichten es ihr, ein Haus zu erwerben, das für sie und ihre Kinder später eine Heimat werden sollte. Die Buben waren inzwischen herangewachsen, die zwei größeren befanden sich in einer Lehre, während der jüngere noch zur Schule ging.

Die Stetterbäuerin freute sich mit Vroni über diese gute Wende, weil sie wusste, dass diese drei Kinder, die sie mit großgezogen hatte, ein ordentliches Zuhause erwartete. Einmal wird diese unglückselige Beziehung ihr Ende finden, sodass Vroni mit ihren Kindern in Frieden und frei von allen Zwängen leben kann, so glaubten und hofften alle, die Vroni und ihr Schicksal kannten. Doch für diese Frau gab es, wie es schien, kein dauerhaftes Glück. Verstrickt in diese unglückliche Liebe, die sie wie eine Art Virus befallen hatte, musste sie den bitteren Weg ihres Lebens zu Ende gehen.

Eine schicksalhafte Wende bahnte sich wieder einmal an. An einem warmen, sonnigen Herbsttag, der die Natur noch einmal in allen Farben leuchten ließ, begegnete mir Vroni auf einem Wiesenweg, den sie mit müden Schritten entlangkam. Das warme Tuch, das sie um ihre Schultern gelegt hatte, hielt sie trotz der wärmenden Herbstsonne fest an sich gepresst. Sie fröstelte. Ich ging ihr entgegen, um ein paar Worte mit ihr zu wechseln und mich nach ihr und ihren Kindern zu erkundigen.

»Ja, die Buben sind gesund«, antwortete sie auf meine Frage, »in der Schule sind s' auch gut mitgekommen, ich kann mit ihnen zufrieden sein.« Es folgte eine kurze Stille, bis sie weitersprach: »Meine Füße taugen nix mehr, mir ist grad so, als ob ich krank werden␣tät, da hab ich mir überlegt, dass ein Auto gar net so verkehrt wär, weil das Radfahren so beschwerlich wird für mich. Ja, und dann hab ich mir ein Auto gekauft. Ein rotes Auto hab ich jetzt. Den Führerschein hab ich ja schon lang, bloß ein Auto hab ich net gehabt.«

Ich sagte ihr, dass ich ihre Entscheidung prima fände, wo die Buben doch auch bald alt genug wären, um ein Auto steuern zu können.

Dies war mein letztes Gespräch mit Vroni.

Viele Male ging ich mit ihr den Kreuzweg, der ihr auferlegt war, tröstend, beratend mit und hielt ihr immer wieder die Aussichtslosigkeit ihrer unglücklichen Liebe vor Augen. Heute, nach langen Jahren, bedauere ich, dass es mir trotz aller Mühe nicht gelungen ist, zu ihrem Inneren Zugang zu finden. Sie trug ihr Schicksal allein; sie wollte niemandem ihre verletzte Seele zeigen. Sie wusste wohl um die Wertlosigkeit dieses Mannes, und doch kam sie von dieser verhängnisvollen Beziehung, die ihr Leben zerstörte, nicht los. Nun war Vroni stolze Besitzerin eines roten Autos, das ihr ihre Beschwerden erleichtern sollte.

Doch was ich von der Stetterbäuerin zu hören bekam, war kaum zu glauben. Nicht Vroni, sondern Konstantin war ständig mit dem Wagen unterwegs, den sie bezahlt hatte und der auf ihren Namen zugelassen war. Er verfügte über das Fahrzeug so, als sei es das seine, und Vroni fuhr mit ihren müden, kranken Beinen wieder mit dem Fahrrad.

Was zu dieser Zeit niemand wusste: Auch Vronis Haus ging in Konstantins Besitz über wie das rote Auto, das Vroni so sehr liebte. Es war alles notariell geregelt, abgeschlossen, ganz legal, durch Vronis Unterschrift hatte alles seine Richtigkeit. Das spätere Zuhause ihrer drei Buben, das sie mit ihren Ersparnissen und der Erbschaft gekauft hatte, nahm Konstantin in seinen Besitz. Die Hintergründe dieser Übergabe kannte niemand.

Vronis Gesundheitszustand verschlechterte sich zusehends. Krankenhausaufenthalte wurden in immer kürzeren Abständen notwendig. Andreas, den älteren Sohn, fragte ich nach dem Befinden seiner Mutter, und er gab mir zu Antwort: »Der Mama geht's net gut, weil sie uns auf einmal nimmer schimpft.«

Konstantin nutzte Vronis Krankenhausaufenthalt auf seine Weise. Mit Papier und Kugelschreiber ausgerüstet kam er an ihr Krankenbett und forderte eine Vollmacht über ihr Konto. Und nicht nur das: Er drängte zu einer schriftlichen Erklärung, dass er im Falle ihres Todes als alleiniger Erbe eingesetzt sei.

Dazu kam es aber nicht, denn die Kranke war am Ende ihrer körperlichen Kräfte und nicht mehr in der Lage, eine Unterschrift zu leisten. Im Krankenhaus erkannte man sehr bald die Absicht dieses Mannes und man hatte ein Auge auf ihn.

Das Ende eines unglücklichen, verpfuschten Lebens nahte.

Konstantin muss wohl lange nachgedacht haben, um zu erkennen, dass er nur durch eine Heirat mit Vroni zu seinem Ziel, das er unbedingt erreichen wollte, kommen konnte. Der Sterbenden wollte er nun das geben, was er ihr zwanzig Jahre verweigert hatte, seinen Namen. Aber diese Überlegung war zum Scheitern verurteilt durch Vronis klare Antwort: »Nein, es ist zu spät, ich hab zu lange darauf gewartet.«

Doch Konstantin gab nicht auf. Er rückte ein zweites Mal an. Dieses Mal mit Blumen, die er ihr schenken wollte, um sie doch noch umzustimmen. Hatte er doch zwanzig Jahre alles erreicht, was er erreichen wollte. Es war ihm unverständlich, warum es nun Schranken für ihn geben sollte.

Doch dieses Mal war es wirklich zu spät. Die Blumen bekam die tote Vroni, für die lebende hatte es keine Blumen gegeben. Die geplagte Frau war still und schmerzlos heimgegangen. Die Tragik ihres Lebens hatte ein Ende gefunden.

Vronis Leben war trotz aller Widerwärtigkeiten nicht umsonst gewesen. Ihre drei Buben sind gute, rechtschaffene Männer geworden, die in ihren Berufen recht erfolgreich sind. Ihre Mutter hatte ihnen keine nennenswerten materiellen Werte hinterlassen, diese hatte sie ihrer verhängnisvollen Liebe geopfert. Aber Fleiß, Anstand und Gerechtigkeitssinn hat sie ihnen als ihr Erbe mitgegeben. Wäre zu hoffen, dass sie nicht wie ihre Mutter einer zerstörerischen, verhängnisvollen Liebe verfallen werden.

Wo bleibt der Stammhalter?

Des Öfteren erlebte ich Ehemänner, die sich darüber ärgerten, statt dem erwünschten Sohn eine Tochter annehmen zu müssen. Häufig wurde die Frau für dieses Geschick verantwortlich gemacht. Obwohl man mit Beweisen nicht aufwarten konnte, blieb man der Einfachheit halber bei dieser Erklärung.

Die Leitl-Bäuerin, eine stille, verängstigte Frau, erwartete ihr fünftes Kind, zu dessen Geburt ich an einem späten Sommerabend gerufen wurde. Der Abend ging schon bald in die Nacht über, auf Wiesen und Feldern ist es nach einem langen Tagwerk still geworden.

»Gut, dass du da bist, heut ist alles anders als sonst«, begrüßte mich die Leitl-Bäuerin, »vielleicht kommt diesmal doch der Bub, allem Anschein nach. Mei, wär ich froh, mein Mann, der Bauer, du kennst ihn ja, den Dickkopf, hat sich schon beim ersten Dirndl aufgeregt und ein Theater gemacht, weil das Dirndl kein Bub war. Du hast ihn damals getröstet und gesagt, der Bub kommt schon noch. Mittlerweile haben wir jetzt vier Dirndln. Und jedes Mal der gleiche Ärger. Jetzt hoffen wir halt, dass dieses Mal der Bub kommt.«

Es war eine lange Rede, ganz ungewohnt von der Leitlin, die sich immer bescheiden im Hintergrund hielt und nicht auffallen wollte. Eine bedrückte, gedemütigte Frau, die mehr Kummer als Freude kannte.

»Mir wär ein Dirndl grad so recht«, sprach sie weiter, »aber der Bauer, du weißt ja, wie die Männer sind.«

Das Geschlecht des Kindes schien für die Leitl-Bäuerin ein echtes Problem zu sein, immer wieder kam sie darauf zurück, ängstlich und hoffend. Wie sehr wird sie diese Sorge bis zur Geburt dieses Kindes geplagt haben!

Da ich bestimmte Komplikationen bei der Geburt dieses Kindes befürchtet hatte, nahm ich die Leitl-Bäuerin mit in das Krankenhaus. »Bringt mir ja einen Buben heim!«, hörte ich den Leitl-Bauern ihr noch nachrufen.

Auch im Krankenhaus konnte man die dringende Frage der Leitlerin, ob Bub oder Mädchen, nicht beantworten, denn Ultraschall gab es damals noch nicht. Also musste man sich bis zur Geburt des Kindes gedulden. Nach langen, sehr schmerzhaften Wehen und mit ärztlicher Hilfe wurde das mit so viel Sorge erwartete Kind geboren. Aber nicht der ersehnte Hoferbe kam zum Leben, es war ein Mädchen, das den ersten Schrei tat und das nicht dem Wunsch der Eltern, vorwiegend dem des Vaters, entsprach.

Die Mutter weinte, als ich ihr das Kind in den Arm legte, das trotz der Anstrengung einen gesunden Eindruck machte. Sie nahm es liebevoll an sich, obwohl es nicht den Erwartungen entsprochen hatte. Diese Mutter liebte ihr Kind, wenn es auch nicht der Namensträger, der Hoferbe war, den der Vater so sehnlichst herbeiwünschte. Fürsorglich legte sie immer wieder den Arm um ihr kleines Mädchen, als wollte sie es schützen vor den vermutlich kommenden cholerischen Ausbrüchen des Vaters.

Am nächsten Morgen kam der Leitl-Bauer schon sehr früh mit einem Strauß Blumen in den Händen, um seinen Sohn zu sehen, wie er mir sagte.

»Es ist doch ein Bub?«, fragte er, schon ein wenig zweifelnd.

»Nein«, antwortete ich, »es ist ein gesundes Mädchen, mit dem du dich abfinden musst.«

»Was, ein Dirndl«, schrie er, »das darf's doch net geben!« Ich sah, wie seine Gesichtsfarbe sich veränderte, seine Augen verrieten Wut und höchste Empörung. Mit lautem Druck auf die Türklinke öffnete er das Zimmer der Wöchnerin, um sie zur Rechenschaft zu ziehen.

Ich folgte ihm, weil ich einen seiner Ausbrüche befürchtete und die Mutter in dieser Lage nicht allein lassen wollte.

»Das fünfte Weiberleut bringst du mir in's Haus!«, schrie er, »eine Schand ist das! Kannst du nix als Dirndln auf d'Welt bringen, ha? Fünf Dirndln, nie ein Bub! Wenn ich das früher gewusst hätt, dich hätt ich nie geheiratet, nie!«, wiederholte er sich.

Die Leitl-Bäuerin zuckte bei diesen Worten zusammen, so als erwarte sie noch Schlimmeres. Ihre Augen waren voller Angst auf ihren Mann gerichtet, der alle guten Manieren vergessen hatte.

Doch plötzlich erinnerte er sich an die Blumen, die er immer noch in der Hand hielt, und dann geschah das Unglaubliche: Mit ein paar kräftigen Schlägen auf das Metallgestänge des Krankenbettes zerschlug er die roten Nelken, sodass er nur noch die kopflosen Stängel in seiner Hand hielt und die zerfetzten Blüten sich auf Bett und Fußboden verteilten. »Das fünfte Dirndl bringt mir die auf den Hof, das fünfte!«, wiederholte er schreiend.

Ich stand wie geschockt vor diesem Ausbruch. So etwas hatte ich noch nie erlebt. Ich wollte diesen Mann, der wie von Sinnen war, gerade bitten, zu gehen, als die Leitl-Bäuerin sich aufrichtete und zu sprechen begann. In diesem Augenblick schien es, als sei ihr Selbstbewusstsein, das lange Jahre durch diesen Mann untergraben worden war, zurückgekehrt. Es war, als seien in dieser Frau und Mutter durch diese massive Demütigung und die Ablehnung ihres Kindes ganz neue Kräfte hervorgerufen worden. »Geh mir aus den Augen«, sagte sie gefährlich leise zu ihrem Mann. »Ich will dich nie mehr sehen. Zu dir auf den Leitl-Hof geh ich nimmer zurück. Ich verlasse dich und meine Kinder nehm ich mit. Das war dein letzter Auftritt, den du dir geleistet hast, und nun verschwinde!«

Der Leitl-Bauer stand da, mit offenem Mund und wie erstarrt. War das noch seine Bäuerin? Das hier war eine Rebellion, ein Aufstand gegen ihn, den Leitl-Bauern, von seiner eigenen Frau inszeniert, von ihr, die er nie für vollwertig gehalten hatte. Es war ihm anzusehen, dass er die Welt nicht mehr verstand. Die Worte seiner Bäuerin müssen ihm so zugesetzt haben, dass er wie ein begossener Pudel das Zimmer verließ, sich den Schweiß von der Stirn wischte und vor der Tür noch wenige Sekunden stehen blieb, um die Wende, die sich nun anbahnte, zu überdenken.

Ich nutzte diese kurze Spanne Zeit, um das Kind zu holen und es ihm zu zeigen, mit dem Gedanken, dass er es doch noch annehmen würde. Seinen anderen vier Mädchen war er doch auch ein guter Vater, er liebte seine Töchter auf seine Weise. Warum sollte er bei diesem Kind eine Ausnahme machen, überlegte ich.

»Magst sie nicht anschauen, deine kleine Elisabeth?«

»Nein, ich mag nicht!«, war seine Antwort, um gleich hinzuzufügen: »Und einen Namen hat sie auch schon, ohne dass ich gefragt worden bin, das wird ja allerweil noch schöner, sage ich!«

Bei diesen Worten wandte er sich zum Gehen. Ich sah aber, wie er über seine Schultern hinweg zurückschaute, um doch noch einen Blick auf das Kind werfen zu können. Ich wertete diese Geste als ein gutes Omen und war überzeugt, dass diese Familie wieder zusammenfinden würde.

Die Zeit des Wochenbettes ging bald zu Ende. Die Leitl-Bäuerin musste überlegen, ob sie ihre drohende Aussage, die den Zerfall der Familie bedeuten würde, wahrmachen möchte. In einem Gespräch mit mir meinte sie: »Tätest du dir das gefallen lassen, zwölf Jahre schikaniert zu werden? Ich mag nicht mehr! Seine Wutausbrüche kann ich nimmer ertragen. Nein, er hat mich heut zutiefst beleidigt. Für ihn war ich immer die Idiotin, weil ich mir hab alles gefallen lassen. Jetzt mag ich nimmer!«

Das waren klare Worte aus dem Mund dieser Bäuerin. Eine zutiefst gekränkte Frau will ihre Drohung wahrmachen, sie will ihr Selbstbewusstsein wiederhaben, das ihr der Ehemann in all den Jahren genommen hatte, der sie und ihre Töchter als minderwertige Wesen eingestuft hatte – ihre Kinder, die sie über alles liebte. Nein, diesen Mann wollte sie nicht mehr. In den Tagen der Ruhe im Krankenhaus war sie zu dieser Erkenntnis gekommen. Sie hatte Zeit zur Besinnung gehabt und nun wollte sie ihr Leben mit allen Konsequenzen neu ordnen, sie wollte ausbrechen aus den

Zwängen dieser Ehe, aus den cholerischen Ausschreitungen ihres Ehemannes, der sie immer als Menschen zweiter Klasse betrachtet hatte.

Ich erschrak ein wenig, mit welcher Bestimmtheit diese Frau so schwer wiegende Worte sagte. Eine zutiefst verletzte Seele, der erst jetzt, nach all den Jahren bewusst geworden ist, was ihr angetan wurde, und die nun zu einer Wende ihres Lebens bereit war. Noch zwei Tage bis zur Entlassung aus dem Krankenhaus, dann musste sich der Erhalt oder der Zerfall dieser Familie entschieden haben.

Ein etwas nervöser Mann ging im Krankenhausflur auf und ab und war – wie ich sehen konnte – in seine Gedanken vertieft. Beim Näherkommen erkannte ich den Leitl-Bauern. Als er auf mich zukam, sah ich die Sorgen in seinem Gesicht, das müde und zerfurcht eine schlaflose Nacht anzeigte. Diesem Mann ist nicht wohl in seiner Haut, war mein erster Gedanke.

Mit müder, belegter Stimme sprach er mich an: »Meine Bäuerin muss zu mir und den Kindern auf den Hof zurückkommen. Sie muss! Was tät ich ohne sie! Du musst mir helfen, auf dich hört sie am meisten. Ich möchte dich darum bitten.«

Der Leitl-Bauer bittet um etwas, das hatte es noch nie gegeben! Auch damals war es kein Bitten gewesen, erzählte mir Resi, seine Frau, als er um ihre Hand anhielt. Es waren klare, sachliche, unmissverständliche Worte, als er sagte: »Resi, ich brauch eine Bäuerin. Magst mich heiraten?« Eine Frage, die dem Zweck diente und eine Zusage voraussetzte. Seine Worte waren sonst immer laut, fordernd, bestimmend gewesen. In seiner ihm eigenen Mentalität konnte er nicht anders und Widerstand gab es keinen.

Doch dies sollte sich nun ändern, radikal, von heute auf morgen? Es war schwer verständlich für diesen dominanten, herrschsüchtigen Mann. In diesem Augenblick hatte ich fast Mitleid mit ihm. Er wusste nicht, wie sehr er seine liebsten Menschen durch seine cholerische Art kränkte und verletzte, sodass es zum Äußersten kommen musste.

»Sag meiner Bäuerin«, fuhr er fort, »dass ich morgen Vormittag komm und dass ich sie und die Elisabeth heimhol.« – »Ein schöner Name«, fügte er noch hinzu, bevor er den langen Flur mit schweren Schritten verließ und dem Ausgang zustrebte.

Mit der Leitl-Bäuerin hatte ich ein längeres Gespräch. Die Tränen, die dabei flossen, verstand ich als Zeichen einer erfolgreichen Aussprache.

Der Sommertag war am Vormittag schon heiß und schwül, als der Leitl-Bauer seine Bäuerin samt Kind vom Krankenhaus nach Hause holen wollte. Ich führte ihn ins Krankenzimmer, in dem seine Frau auf ihn wartete. Der entscheidende Augenblick von so großer Bedeutung war nun gekommen. Wie wird das Gespräch enden, das die beiden allein unter vier Augen führen? Ich wünschte so sehr, dass diese Familie auch ohne den erwünschten Hoferben wieder zusammenfinden möge.

Dann war es so weit. Ich legte das in ein Wickelkissen verpackte Kind der Mutter in den Arm, die es liebevoll umfing, und ich sah, wie der Leitl-Bauer sich verstohlen über die Augen fuhr. Jetzt erst bemerkte ich das goldenen Kettchen am Hals der Leitl-Bäuerin. Dieses Schmuckstück hatte sie nicht getragen, als sie in das Krankenhaus kam.

Mein erstaunter Blick muss wohl bemerkt worden

sein, da mir der Leitl-Bauer zu verstehen gab: »Das Ketterl hat sie sich schon lang gewünscht und da hab ich es ihr halt gekauft.« Eine schöne Geste der Versöhnung.

Beim Abschied glaubte die Leitlin, mir noch sagen zu müssen: »Ich bin dir so dankbar, du hast viel für uns getan.«

Ich gab ihr zur Antwort: »Das nächste Mal, wenn der Bub kommt, sehen wir uns wieder.«

»Reden wir nimmer davon«, bestimmte der Leitl-Bauer.

»Ganz unschuldig warst du auch nicht«, ermahnte ich die Leitlin, »du hast dir zu viel gefallen lassen. Hättest du dich öfter zu Wort gemeldet, wär dir viel erspart geblieben.«

»Das tröstet mich, dass die ungute Gschicht net auf mir allein sitzen bleibt«, warf der Leitl-Bauer dazwischen, und zu mir gewandt meinte er: »Mein Temperament geht halt manchmal mit mir durch, so wie ein störrisches Ross, aber so eine Aufregung möchte ich nimmer mitmachen.«

Ich sah den beiden noch lange nach und wieder war ich mit meinem Leben mehr als zufrieden. Ein gutes Gefühl.

Es wäre noch zu sagen – um diese Begebenheit zu vervollständigen –, dass der Stammhalter, der Hoferbe, erst nach dem sechsten Mädchen auf dem Leitl-Hof zum Leben kam und ihm noch zwei weitere Brüder folgten.

Endlich ein Bub?

In dieser Geschichte geht es wieder darum, dass sich der erwünschte Sohn trotz ärztlicher Bemühungen und homöopathischer Ratschläge nicht einstellen wollte.

Der gut gehende Handwerksbetrieb, günstig im Umfeld der Stadt gelegen, brauche, wie man mir sagte, einen Nachfolger. Die heranwachsenden beiden Mädchen sah man nicht als befähigt an, einen Betrieb zu führen, der männliche Kraft erforderte. Es war, als ob es keinen Kindersegen in der Familie Beck mehr geben wollte, und damit war auch die männliche Nachfolge in Frage gestellt. Frau Beck erwartete von mir Ratschläge, um doch noch ein Kind zu bekommen, aber auch Ärzte und Heilpraktiker konnten nicht helfen, den dringenden Wunsch, der als Notwendigkeit betrachtet wurde, zu realisieren. Man war verzweifelt.

Doch die Natur lässt sich nun einmal zu nichts zwingen und darum wäre es von Nutzen, wenn man sich dieser Tatsache stellen würde.

Frau Beck wollte sich aber nicht abfinden. Sie konnte sich doch sonst jeden Wunsch erfüllen, warum sollte es für sie Grenzen geben, die man nicht überwinden konnte? Ich riet ihr zu einer Urlaubsreise, um von diesen Gedanken Abstand zu gewinnen, und Luftveränderung kann manches Wunder tun.

Aber selbst diese Italien-Reise wurde nicht zur

rechten Freude für Frau Beck, denn ihre Gedanken kreisten um das Kind, um den Sohn, den sie so sehr ersehnte und auf den sie vergebens wartete. Depressive Phasen kamen in immer kürzeren Abständen und man war nahe daran, diesen einen Wunsch aufzugeben.

Als aber nach dieser Reise festgestellt wurde, dass sich dieses so sehr ersehnte Kind angemeldet hatte, war man überglücklich. Schon bald kam Frau Beck zu mir, um mich zu informieren, dass sie eine Hausgeburt wünsche, weil sie glaube, der Stammhalter, der Namensträger, der müsse zu Hause in der Familie geboren werden. Man war sich absolut sicher, dass es der ersehnte Sohn sei, der kommen würde. Ich freute mich für Frau Beck, hatte ich doch ihren beiden Töchtern damals ebenfalls zum Leben verholfen und kannte diese Familie recht gut. Dieses Glück gönnte ich ihr von Herzen.

Die Monate vergingen bei der werdenden Mutter ohne Beschwerden und unter ärztlicher Fürsorge, die sie regelmäßig wahrnahm. Des Öfteren bat sie mich zu sich, um sich aussprechen zu können, vor allem um ihre Bedenken zu äußern, ein krankes oder behindertes Kind zu bekommen, weil sie doch nicht mehr die Jüngste sei. Ich konnte sie aber beruhigen, weil alle Mütter diese verständliche Sorge haben, die aber nur in Ausnahmefällen begründet ist. Sie sei doch gesund und ihre beiden Töchter ebenfalls, also gäbe es so gesehen keinen Grund zur Angst, meinte ich.

Auf die Geburt dieses Kindes bereitete man sich wochenlang vor, um alles bis zum Letzten zu regeln, zu überdenken, nichts sollte fehlen, nichts dem Zufall überlassen werden. Perfekt bis ins kleinste Detail wurde das Kommen des Kindes geplant. Eine übertriebene Freude, die nicht immer gut ist. Wenn ich in meinen Gedanken die Mütter der Häuslleut oder die Landfrauen vor mir sah, die weder Zeit noch Geld für solchen Aufwand hatten, da wurden mir die sozialen Unterschiede besonders klar.

Des Öfteren war Frau Becks Ruf nach mir sozusagen ein Fehlalarm. Sie glaubte, es könnten sich unvorhergesehene Dinge ereignen und wollte ganz sicher gehen für alle Fälle. Ich kannte aus Erfahrung diese Zustände der Angst und hatte Verständnis dafür.

Dann, in einer Sommernacht, kam dieses heiß ersehnte Kind zum Leben, der Stammhalter, der Hoffnungsträger, der beide Eltern unendlich glücklich machte. Ich konnte diese Freude nicht ganz teilen. Die Stellung der Augen des Kindes gefiel mir nicht. Ein mongoloider Einschlag?

Ich täuschte mich nicht. Dieses Kind war leicht mongoloid. Als es auch mit der Nahrungsaufnahme Schwierigkeiten gab, verständigte ich den Arzt, der entscheiden sollte, ob man über diese leichte Behinderung, wie ich glaubte, die Eltern informieren oder doch noch abwarten sollte, wie sich das Neugeborene die nächsten Tage weiter entwickeln würde.

Nach einigen Tagen wurde die Taufe vorbereitet, Gäste eingeladen, der Herr Pfarrer verständigt. Die leicht mongoloiden Gesichtszüge hatten sich nicht verändert, sie waren konstant geblieben, doch das Aussehen des Kindes gefiel mir nach wie vor nicht so ganz. Von einem gesunden Kind hatte ich eine andere Vorstellung.

Die Taufe wurde in der Familie Beck wie ein Festtag gefeiert. Ich kleidete den kleinen Alexander zu seinem Ehrentag an, alles Notwendige, das mir dazu gereicht wurde, war vom Feinsten, vom Besten. Die übergroße Freude der Eltern an dem so sehr gewünschten Sohn wurde in allen Details sichtbar. Das Taufkleid war ein Traum aus Rüschen und Spitzen, von einer Modellschneiderin sorgfältig gearbeitet. Zum Tragen der Taufkerze wurde ein sechsjähriger Bub aus der Verwandtschaft ausgewählt, der immer wieder üben musste, die Kerze so zu halten, dass ihre Schönheit seine Wirkung hatte. Das arme Kind!

Bei dem Taufakt geschah dann das Unglück. Der kleine Andreas kam trotz aller Ermahnungen mit der brennenden Kerze zu nahe an das Taufkleid, das zwar kein Feuer fing, aber mit einem Knall, der gleichzeitig einen beißenden Geruch von Gummi auslöste, in seine Bestandteile beziehungsweise in nichts zerfiel. Ein trauriger Rest, der einer Ruine glich, blieb von dem teuren Stück zurück.

Ich möchte zum besseren Verständnis für meine Leser die Eigenart dieses Materials beschreiben. Der Beginn der fünfziger Jahre brachte diese beliebte Art Synthetik hervor, die über mehrere Jahre hinweg angeboten wurde. Dieses Material war besonders bei Jugendlichen wegen seines leichten und duftigen Charakters sehr gefragt. Es erfreute das Auge mehr als den Körper, denn seine luftdichten Fasern mit gummiähnlichen Substanzen eigneten sich zum Tragen als Kleidung kaum.

Hinter mir hörte ich eine ältere Dame flüstern: »Ein brennendes Taufkleid, Gott steh uns bei!« Als dem kleinen Andreas etwas später die schön verzierte Taufkerze aus der Hand fiel und auf den Fliesen des

Kirchenbodens zerbrach, war man sich sicher, dass nunmehr das kommende Unglück nicht mehr abwendbar sei. Mit der abgebrochenen Kerze, die nur noch der Docht zusammenhielt, und mit unerfreulichen Gedanken verließen die Taufgäste die Kirche. Dinge, die zufällig zusammentrafen, wurden häufig als Bestätigung des vorausgegangenen Vorzeichens gewertet.

Die zehntägige Wochenpflege war abgeschlossen und meine Arbeit im Hause Beck beendet. Beim Verabschieden bot ich der Mutter, so wie ich es immer tat, meine weitere Hilfe an, wenn es Schwierigkeiten mit ihr oder dem Kind geben sollte.

Nach einer Woche bat mich Frau Beck zu sich, mit dem kleinen Alexander gebe es Probleme. Sie möchte gerne meine Meinung zum Befinden ihres Kindes hören, bevor sie den Arzt aufsuche.

Ich erschrak bei dem Anblick des Kindes. Statt zuzunehmen hatte es an Gewicht verloren, die bläuliche Hautfarbe, das typische Schniefen, das mongoloiden Kindern eigen ist, hatte sich auffällig verstärkt. Ich empfahl dringend, einen Arzt aufzusuchen, der die Einweisung des Kindes in eine Klinik veranlassen würde.

Frau Beck wollte aber ihren Alexander auf keinen Fall weggeben. Er sollte unter ihren Händen und ihrer Fürsorge wieder gesunden. »Niemand wird so viel Zeit für seine Pflege aufwenden können, wie ich es tun werde«, war ihr Ausspruch. Statt Ärzten wurden nun Heilpraktiker und Pendler aufgesucht, die den Verfall des Kindes ebenfalls nicht aufhalten konnten.

Mittlerweile war der Kleine sechs Wochen alt, als

ich wieder am Bett dieses armen Kindes stand. Ich glaubte, ein kleines Lächeln zu erkennen, als sich seine Mutter zu ihm hinunterbeugte, vielleicht war es auch ein Wunschgedanke von mir, weil ich sein Weiterleben so sehr wünschte. Die Mutter war in tiefer Sorge.

Vater Beck, ein Realist und harter Mann im privaten wie auch im geschäftlichen Bereich, hatte eine andere Mentalität. Dem aussichtslos kranken Kind konnte er weder Zuneigung noch Mitleid entgegenbringen. Es war ihm unverständlich, dass seine Frau das kranke Kind auf ihren Arm nahm, es liebkoste, wenn es sein Fläschchen nahm, ihm die Windeln wechselte oder in der Badewanne ihm zärtliche Worte sagte. Einmal wurde ich Zeuge seiner Lieblosigkeit, als er mit wegwerfender Handbewegung sagte: »Was willst du mit diesem Kind noch lange herumtun, es stirbt eh, lass es doch liegen und kümmere dich um wichtigere Dinge. Mei, die Weiberleut!« Mit diesem Ausruf verließ er ungerührt den Raum, eine weinende Mutter zurücklassend.

Frau Beck glaubte, mit dem Einsatz ihrer ganzen Kräfte das Leben dieses so sehr erwünschten Kindes erhalten zu können. Aber alle Mühen, alle Tränen waren umsonst gewesen. Der kleine Alexander starb, drei Monate alt, in den Armen seiner Mutter.

Die Ehe von Erhart und Isolde Beck hatte nach diesem Trauma einen Riss bekommen. Frau Beck konnte ihrem Mann die Lieblosigkeit gegenüber dem kleinen Alexander nicht verzeihen. Die beiden konnten nicht mehr miteinander, aber auch nicht ohne einander leben. Ein Nebeneinander war nun der Weg, den sie gehen wollten, denn einer endgültigen Trennung standen die beiden Töchter, die mit gleicher Liebe an Vater und Mutter hingen, im Weg, wie mir Frau Beck sagte.

Nach mehreren Jahren hatte die Zeit tröstend auf Alexanders Mutter eingewirkt. Sie hatte seinen Tod als ihr und ihrer Familie Schicksal, dem man nicht entgehen konnte, angenommen und so weit ihren inneren Frieden wieder gefunden.

Nun näherte sie sich den Vierzigern. Die beiden Mädchen waren den Kinderschuhen entwachsen, aber Vater Beck gefiel, wie es schien, das Leben nebeneinander nicht so recht. Er sehnte sich nach dem früheren Miteinander, nach einer friedlichen Ordnung, und so kam es zu einer dauerhaften Versöhnung, die mich als erfreuliche Folge noch einmal an das Kreißbett von Frau Isolde holte und die einem gesunden Mädchen als spätem und letztem Kind das Leben schenkte.

Dieses kleine Wesen schaffte es, dass für die Mutter Alexanders Tod etwas in den Hintergrund trat, dass man ihn als naturbedingt, von oben bestimmt, ansah. Es hat insofern eine große Aufgabe erfüllt.

Mit der Versöhnung seiner Eltern kehrte auch die Lebensfreude von Mutter Beck zurück, die in der Versorgung dieses Kindes eine schöne und wichtige Tätigkeit gefunden hatte.

Ende gut, alles gut?

Der Tod eines Ehepartners ist eine überaus schmerzliche Erfahrung, ein Verlust, dem eine lange Zeit von Tränen, Trauer und Ausweglosigkeit folgt. Dieses Schicksal anzunehmen, erfordert hohe Bereitschaft zur Selbstüberwindung, ein harter Prozess, der das Weiterleben schwer macht. Das Eingehen einer zweiten Ehe erfordert gründliche Überlegung und eine gewisse Konsequenz, damit der Verstorbene nicht, wie im jetzt zu schildernden Fall, als Dritter im Bunde gegenwärtig ist. Diese Geschichte zeigt, welche schwerwiegenden Probleme entstehen und die neue Partnerschaft belasten können.

Etwas abseits von der lauten Verkehrsstraße kreuzen sich zwei Seitenwege, die durch Verkehrszeichen geregelt sind. Der Weg mit dem Kreuz am Rain führt zu dem kleinen Familienbetrieb der Gillhubers, die ihre Produkte in die nähere und weitere Umgebung verkauften, gut und preiswert, wie es hieß, weil es außer den Familienmitgliedern keine fremden Arbeitskräfte gab, die die Ware verteuert hätten. Vater, Großvater und Onkel hielten den kleinen, aber gut gehenden Betrieb aufrecht und die Mutter kümmerte sich neben der Pflege der zwei Töchter um die bescheidene Buchführung. Ein gutes betriebliches und familiäres Miteinander zeichnete die Gillhubers aus und die Leute im Umkreis schätzten sie als solide, tüchtige Menschen.

Nun sollte das dritte Kind geboren werden. Es war verständlich, dass ein männlicher Nachfolger für den Betrieb erwünscht gewesen wäre. »Wir nehmen auch ein Dirndl an, und wenn's gesund ist, würden wir uns freuen, es muss net unbedingt ein Bub sein«, erklärte mir Vater Gillhuber. Eine gute Haltung, die erkennen lässt, dass dieses Kind ohne Vorbehalte angenommen wurde. Ich freute mich, dass es noch Väter gab, die sich nicht querstellten, wenn statt des erwünschten Sohnes eine Tochter kam.

Am Ostersonntag kam bei den Gillhubers als drittes Kind noch einmal ein Mädchen zur Welt. Lachend sagte der Kindesvater zu dieser Mitteilung: »Jetzt ist das Dreimäderlhaus komplett. Ich freue mich, dass es da ist und dass es g'sund ist.« Die drei Mädchen, für die auch später noch der elterliche Wohnort zu ihrem ruhenden Pol wurde, wuchsen in einem liebevollen Elternhaus auf.

Bald meldete sich ein viertes Kind an, das mit gleicher Freude erwartet wurde.

Bevor es aber geboren wurde, erkrankte Vater Gillhuber schwer. Krankenhausaufenthalte wurden in immer wiederkehrenden Abständen notwendig. Die ärztliche Diagnose war erschreckend.

Eine nervenaufreibende Zeit begann mit Hoffen und Verzweiflung, mit Beten und Anklagen gegen Gott, der dieser Familie ihren Mittelpunkt nehmen wollte, ihn, der alles zusammenhielt, der alle Fäden in seiner Hand gehalten hatte, der die Führung des Betriebes übernommen und dessen Verdienst der Zusammenhalt der Familie war. Am Tag der Geburt des vierten Mädchens legte sich Alfons Gillhuber zum Sterben hin. Leben und Tod, wie beide nicht näher zusammen sein können.

Juliane Gillhuber war der Verzweiflung nahe. Wie sollte sie ohne ihn weiterleben können! Die Familie und der Betrieb hatten nun keine Führung mehr, man war orientierungslos. Der alte Vater, der stumm, tränenlos in der Werkstatt vor sich hinstarrte, konnte die Stille des Raumes nicht ertragen. »Des hält kein Mensch aus da herin«, war sein Ausspruch.

Es musste aber alles weitergehen, denn die Werkstatt war die Ernährungsgrundlage der Familie Gillhuber. Mit einer fremden Arbeitskraft versuchte man nun gemeinsam die wichtigste Person des Betriebes, den Vater, zu ersetzen. Dies gelang nur leidlich. Alfons Gillhuber war nicht zu ersetzen.

Wochen der Trauer, der Zerrissenheit, der Ohnmacht vergingen, ohne nennenswerte Erfolge. Der Betrieb hielt sich recht und schlecht am Rande des Ruins aufrecht. Es war eine Gratwanderung, deren Ende man ahnen konnte. Des Öfteren, wenn mich der Weg bei Gillhuber vorbeiführte, sah ich nach der kleinen Monika, die nicht so ganz problemlos aufwuchs. Frau Juliane freute sich immer über meinen Besuch, zum einen, weil ich ihr Ratschläge in Bezug auf Monikas Gedeihen geben konnte, zum anderen brauchte sie ein Aussprache, jemanden, der ihr zuhörte, wenn sie ihre Sorgen abladen wollte. Es waren häufig betriebliche Probleme, die sie nach dem Tod ihres Mannes belasteten.

Hier konnten nur versierte Leute helfen, die sich in geschäftlichen Dingen auskannten. Mir blieb nur ein persönlicher Trost in ihrer inneren Zerrissenheit, die der Tod ihres Partners ausgelöst hatte. Es bestand meist nur im Zuhören, das ich im Laufe meines Berufslebens gelernt hatte, und für mein Gegenüber war das fast immer befreiend, beruhigend.

An einem tristen, nebligen Herbsttag stand Frau Gillhuber vor meiner Tür, um mit mir zu sprechen, wie sie sagte. »Ich bin mit meiner Kraft am Ende«, gab sie mir zu verstehen. »Ich muss eine Entscheidung treffen, die nicht nur für mich, auch für meine Kinder, meine ganze Familie und besonders fürs Geschäft von weit reichender Bedeutung ist.« Ein geschäftstüchtiger Mann sei in ihr Leben getreten, von dem alle, besonders ihr Schwiegervater, meinten, dass er, falls sie ihn heiraten würde, sie aller Sorgen entheben könne, dass dieser sympathische Mann ein geeigneter Partner für sie, ein Vater für die Kinder, ein kluger Geschäftsmann für den Betrieb sei. Das Trauerjahr sei längst vorbei und eigentlich stehe dieser Verbindung nichts im Weg. In ihrem Inneren aber fühle sie eine Sperre, die sie als Warnung verstehe, weil Alfons Gillhuber, der Vater ihrer Kinder, in ihrem Herzen weiterlebe. Sie fühle sich über den Tod hinaus mit ihm verbunden und somit habe sie Zweifel, ob unter diesen Bedingungen eine zweite Ehe gut gehen könne. »Was würden Sie mir raten?«, stellte sie die Frage an mich.

Es ist immer schwer, einen Rat zu geben, besonders einen von so großer Tragweite und in einem Bereich, der das Intimste eines Menschen betrifft. Liebe und Zuneigung mit geschäftlichen Ambitionen zu verbinden, ist immer ein Wagnis. Außerdem waren da auch vier Kinder, die einen väterlichen Freund brauchten, der sie in den Schwierigkeiten der Jugendjahre stützte und hielt. Das alles sagte ich Frau Gillhuber. »Sehen Sie sich diesen Mann genau an, überstürzen Sie nichts, warten Sie, bis Sie sich mit Ihren Gefühlen im Klaren sind. Erst dann sollten Sie Ihre Entscheidung treffen.«

Frau Juliane sah mich nachdenklich an, sie spielte nervös mit ihren Händen und strich sich zuweilen eine Haarsträhne zurecht, stand auf, um sich gleich wieder zu setzen. Es war ein Zeichen ihrer inneren Zerrissenheit, ihrer Ratlosigkeit, ihrer angespannten Nerven. Mit einem »Vergelt's Gott, dass Sie sich für mich Zeit genommen haben, ich werd Ihnen sagen, wie es bei mir weitergeht«, verabschiedete sie sich.

Das Feldkreuz auf dem Weg zu Gillhubers war nun täglich mit frischen Blumen geschmückt, die Frau Juliane mit der Bitte um Hilfe für die rechte Entscheidung dort aufgestellt hatte.

Nach mehreren Wochen traf ich Frau Juliane – in ihre Gedanken versunken – am Wegkreuz. Sie ging mir entgegen, als sie mich kommen sah. Ihr Gesicht, ihr Ausdruck war offen und gelöst. Es bedurfte keiner Frage, ich wusste, dass sie sich entschieden hatte. Nach einem langen Kampf mit sich selbst war sie zu einer klaren und positiven Lösung gekommen. »Nun hab ich mich entschieden«, sprach sie mich an, »ich hoffe, es ist richtig so.«

Das Drängen dieses Mannes auf eine baldige Heirat, die Fragen ihrer Familie, wie es weitergehen solle, brachten ihr schlaflose Nächte, aber auch die Erkenntnis, dass sie zu einem Entschluss kommen musste. »Ich hatte nur noch um einen Tag Bedenkzeit gebeten, um nach Altötting zu pilgern, den Gnadenort, der mir als letzte Hilfe in meiner Unentschlossenheit erschien.«

Diese gläubige Frau ging dreißig Kilometer zu diesem Heiligtum in der festen Überzeugung, dass von hier die Erleuchtung komme, die sie so dringend brauchte.

»Ja«, sprach sie weiter, »tags darauf gingen wir dann zum Herrn Pfarrer, um unsere Hochzeit anzumelden.«

Nun waren die Würfel gefallen. Ob sich diese Verbindung als gute Entscheidung erwies, würde sich erst zeigen. Die Firma Gillhuber hatte als neuen Führer einen qualifizierten Geschäftsmann, der in kurzer Zeit das Unternehmen nicht nur aus den roten Zahlen holte, er brachte es auf eine erstaunliche Höhe.

Auch in Frau Julianes zweiter Ehe wurde ich an ihr Kreißbett geholt. Dieses Mal war es der ersehnte Sohn, der Nachfolger, der alle Hoffnungen erfüllen sollte.

Freude über die männliche Nachfolge zeigte diese Mutter kaum. Mir fiel auf, dass sie oft abwesend war, es war ihr anzusehen, dass sie sich mehr erhofft hatte von ihrem Leben. Wo mochte wohl der Grund für ihre pessimistische Haltung sein? Es war schwer zu begreifen, wenn man diese äußerlich so intakte Familie betrachtete. Ein aufmerksamer Ehemann, der für gute finanzielle Verhältnisse sorgte, gesunde Kinder und nun der Sohn, der Nachfolger, der alle Wünsche erfüllt hatte. Aber wer kann schon in das tiefste Innere eines Menschen schauen, wer kennt schon die verborgenen Nöte anderer? Nachdenklich betrachtete ich die Bilder an den Wänden, die Alfons Gillhuber an den verschiedenen Stationen seines Lebens zeigten. Das Hochzeitsbild als größtes, umrahmt von Efeu und Trauerflor, war der Blickfang des Raumes. Alle anderen Aufnahmen waren in der Reihenfolge ihrer Entstehung an den Wänden angebracht, für jeden sichtbar und zur stetigen Erinnerung an den Verstorbenen.

Dieser Totenkult war keine gute Voraussetzung für

die zweite Ehe und es war sehr die Frage, ob sie diesen Belastungen auf Dauer standhalten würde. Irgendwann würde sich Frau Julianes jetziger Ehemann dagegen wehren, dass er nur als Ersatz seines Vorgängers angesehen wird. Lag vielleicht hier der Grund ihrer seelischen Zerrüttung?

Die Wöchnerin machte mir nun ernste Sorgen. Sie sprach nur das Notwendigste und auf Fragen antwortete sie nur kurz; am liebsten aber schwieg sie. Sie interessierte weder das Gedeihen ihres Kindes noch die Familienereignisse. Eine Wochenbettpsychose bahnte sich an, die ärztlich behandelt werden musste. Diese lebensfrohe Frau fiel in schwere Depressionen, die für mich unverständlich waren, wenn ich an ihre früheren Geburten dachte, die sie alle gut überstanden hatte. Selbst den Tod ihres ersten Mannes, den sie kurz nach der Geburt ihres Kindes erleben musste, überwand sie zwar tief erschüttert, aber ohne seelische Katastrophe.

Meine zehntägigen Besuche gingen dem Ende entgegen. Als ich an einem dieser Tage beim Verlassen des Hauses das älteste Mädchen beauftragte, sich ein wenig um die Mutter zu kümmern und mich zu benachrichtigen, wenn es Schwierigkeiten mit ihr oder dem Kind gebe, meinte sie: »Ich pass schon auf«, und dann die Frage: »Warum weint die Mama immer, wenn Sie fort sind? Ist die Mama sehr krank?«

Ich tröstete das junge Mädchen und sagte ihm, dass sie bald wieder gesund sein werde, die Mama.

Ich habe mir dann vorgenommen, morgen, an meinem letzten Besuchstag, nach dem Grund der Tränen zu fragen. All die Tage hatte ich vergeblich darauf gewartet, dass Frau Juliane mit mir über ihre Probleme sprechen würde. Sie aber schwieg und ich respektierte ihr Schweigen. Es muss immer eine Vertrauensbereitschaft vorhanden sein, wenn man sich anderen Menschen mitteilen möchte. Unerwünschte Fragen zu stellen, zerstört häufig das gute Verhältnis. Also schwieg ich, bis sie aus der Not ihres Herzens heraus zu sprechen begann.

»Dass mich die Muttergottes in Altötting so schmählich im Stich gelassen hat, das kann ich ihr nie verzeihen. Niemals. Sie hat mich verlassen, obwohl ich bittend zu ihr gekommen bin. Ich habe sie knieend um ihre Hilfe in meiner Not gebeten. Sie hat mich nicht erhört. Sie hat mich verlassen, total verlassen«, wiederholte sie sich. Tränen rannen über ihr Gesicht. Eine lange Pause folgte. »Mit diesem Mann kann ich nicht leben. Ich muss und werde mich von ihm trennen. Ich bin in diese Ehe hineingedrängt worden. Immer hieß es ›das Geschäft, das Geschäft‹. Als ich keinen Ausweg mehr wusste, ging ich zur Gnadenkapelle, zu ihr, die Hilfe in der Not verspricht, die keinen verlässt. Was hat sie getan, frage ich!«

Ich wusste keine Antwort. Hier wären theologische Fragen zu klären gewesen, die mich überfordert haben. Ich konnte hier weder trösten, noch konnte ich helfen.

Nachdenklich begab ich mich auf den Heimweg, uneins mit mir und verbittert über meinen Beruf, der die Sorgen, die Probleme anderer zu den eigenen machte.

Tags darauf wurde ich erneut in diese Familie geholt zu dem kleinen Johannes, mit dem es Probleme gebe. An der Tür empfing mich die Mutter von Frau Juliane, die zu Besuch angereist war. Eine selbstsichere, robuste Frau stand mir gegenüber, die mich ins Haus bat. Sie sei soeben angekommen, erklärte sie mir, um nach dem Rechten zu sehen und Juliane für die erste Zeit zu unterstützen, weil es ihr nicht gut gehe, habe sie gehört.

Mit sichtlichem Entsetzen sah sie auf die Trauerbilder an den Wänden, die nicht nur in der Stube, auch im elterlichen Schlafzimmer sowie in den Kinderzimmern angebracht waren. Sie meinte: »Das ist ja verrückt. Wie kann man nur so was tun!«

Ich musste mir zwangsläufig die Strafpredigt anhören, die diese selbstbewusste Frau ihrer Tochter hielt. Als erstes nahm sie die Bilder ihres verstorbenen Schwiegersohnes von den Wänden, auch das Hochzeitsfoto mit dem Trauerflor musste weichen, wobei sich Frau Juliane zur Wehr setzen wollte.

»Nix da«, gab die Mutter ihrer Tochter zu verstehen, »dieser Totenkult muss aufhören, jetzt und sofort«, hörte ich die resolute Stimme dieser Mutter. »Wie soll deine zweite Ehe bestehen können, wenn du an deiner ersten mit jeder Faser deines Herzens hängst? Das ist eine Zumutung deinem Mann gegenüber. Alfons ist tot und mit Toten kann man net weitermachen. Mit Werner, deinem jetzigen Mann, aber musst du leben. Das war deine Entscheidung, zu der du stehen musst.«

Verstört beobachtete die junge Frau ihre tatkräftige Mutter, die mit den von den Wänden genommenen Bildern beschäftigt war. »Bitte, Mutter«, hörte ich Frau Julianes Stimme, »lass mir Alfons, er ist mein Mann, und von Werner muss ich mich trennen. Ich muss, verstehst du mich?«

»Trennung, Scheidung«, schimpfte die Mutter, »das ist ja ungeheuerlich, hast du deinen Verstand verloren? So mir nix, dir nix sich scheiden lassen. Bleib du bei deinem Mann und deinen Kindern, so wie es sich gehört.«

Juliane verkroch sich in ihre Kissen und weinte, während die Mutter die Strafpredigt fortsetzte. »Und jetzt raus aus dem Bett, heut ist der elfte Tag, da geht man wieder seinen Pflichten nach. Und ich bleib so lange da, bis dir die Flausen in deinem Kopf vergangen sind.«

Ich konnte nur staunen über diese tatkräftige Mutter, die vermutlich schon mehrere Hindernisse in ihrem Leben überwunden hatte und dabei zäh und selbstsicher geworden war, die unter keinen psychischen Problemen zu leiden hatte.

Nach einigen Jahren begegnete mir Juliane mit dem kleinen Johannes an der Hand auf dem Weg zur Kirche, woraufhin sie mir die Ereignisse seit unserer letzten Begegnung erzählte. »Ich weiß nun, wo ich hingehöre.« Nach all den Jahren der Zerrissenheit, der Trauer und der Enttäuschungen habe sie nun ihren inneren Frieden wieder gefunden. Sie habe noch rechtzeitig erkannt, dass sie aus dieser Ehe nicht ausbrechen dürfe, weil es Johannes gibt, der seinen Vater brauche und einmal der Steuermann des Betriebes werden soll.

Ich sah den beiden nach, bis sie sich mit einem letzten Gruß nach mir umdrehten und dann in der Dunkelheit der Kirche verschwinden.

Julianes Mutter war eine starke Frau mit Durchsetzungsvermögen, vom Leben geprägt. Traditionelle Werte waren ihr wichtig und sie forderte sie auch von ihren Kindern ein. Seelisch labilen Menschen konnte sie Halt bieten, weil sie selbst mit beiden Beinen fest im Leben stand. Sie hatte den Mut gehabt, ihrer Tochter mit harten Worten das zu sagen, was sie für richtig hielt.

Zu viel des Guten

Zum Leidwesen vieler Eltern hat die Wissenschaft noch nicht herausfinden können, ob und wie man das Geschlecht eines geplanten Kindes beeinflussen kann. Man hat sich damit abzufinden, dass man auf diesem Gebiet keine Erkenntnisse hat, keinen Einfluss ausüben kann, auch wenn es manchmal schwer fällt, ein Mädchen oder einen Buben entgegen den eigenen Wünschen annehmen zu müssen.

Der Metzgermeister Summerer war an diesem Tag fuchsteufelswild auf alle und jeden. Direkt betroffen von seinem Ärger waren sein Frau Irmgard und ich, die Hebamme, die sich erlaubt hatte, heute zu seinen drei Buben einem vierten zum Leben zu verhelfen. Sein Ärger wurde nicht geringer, als er sah, wie seine Frau als Mutter diesen unerwünschten Buben liebevoll im Arm hielt, das kleine Köpfchen wie zum Schutz in ihre Hand genommen hatte und das Geschrei ihres Ehemannes mit einem Lächeln quittierte.
   Ich war aufgrund der Erfahrungen in meinem Berufsleben gewohnt, dass sich Väter immer wieder ärgerten, wenn ihnen »nur« ein Mädchen geboren wurde. Doch dieses Mal war es genau umgekehrt! Auch so etwas gibt es, überlegte ich. Es ist gut und weise, dass die Natur keine menschlichen Aufträge um das Geschlecht des Kindes entgegennimmt. Sie hat ihre eigenen Gesetze, die die Menschen zu akzeptieren haben, auch wenn diese es nicht wahrhaben wollen.

Dies sagte ich dem Summerer, als er mich mit seinen dummen, unlogischen Vorwürfen überfiel. »Möchtest du lieber ein krankes Mädchen als einen gesunden Buben haben?«, fragte ich ihn.

»Ich krieg kein krankes Kind, merk dir das!«, antwortete er ziemlich aufgebracht. »Ich, der Metzgermeister Summerer, hab ein gesundes Blut, und meine Frau, die Irmgard, auch. Woher soll da ein krankes Kind kommen, frag ich dich. Ich möchte ein Dirndl und nach drei Buben steht mir das zu.«

Tiefe Enttäuschung stand diesem Mann ins Gesicht geschrieben, weil sein Wunsch nach einem Mädchen nicht realisierbar war, weder mit Geld, noch mit Bitten. Er hatte das Geschenk der Natur anzunehmen, ob es ihm passte oder nicht. Sein Wille, der immer und überall zu gelten hatte, wurde hier nicht zur Kenntnis genommen. Und das wurmte diesen angesehenen, erfolgreichen Geschäftsmann. Er tat mir fast ein wenig Leid in seinem Kummer um den verlorenen Traum, eine Tochter zu haben. Anton Summerer, ein sonst recht umgänglicher Mann, hatte an dem Tag die Kontrolle über sich verloren.

Das Personal in der Wurstküche hatte nichts zu lachen, seine schlechte Laune übertrug sich auch auf diesen Bereich. Er versuchte auch hier seinen Unmut, seinen Ärger durch lautes Geschrei abzubauen. »Wirf die Blumen da auf den Misthaufen!«, hörte ich seinen fast harten Befehl an einen Lehrling. Mit einer Kopfbewegung deutete er an, dass dieser herrliche Strauß Rosen, die in einem Plastikkübel aufbewahrt auf ihre Verwendung warteten, vernichtet werden sollte. In der berechtigten Vorfreude auf das »Dirndl«, das ihm Babett, die Pendlerin, prophezeit hatte, hatte er diese herrlichen roten Rosen bestellt, die nun seinem Ärger zum Oper fallen sollten. »Keinem Menschen kannst heutzutag noch etwas glauben, net einmal mehr der Babett, die so verlässlich war«, beklagte sich der Summerer.

Der junge Mann tat, wie ihm geheißen wurde, nahm die Blumen aus dem Plastikeimer, um seinen Auftrag zu erfüllen. Ich kam gerade noch rechtzeitig, um ihm die prachtvollen Rosen, die er fest in seinen Händen hielt, fast gewaltsam zu entreißen. Stotternd meinte dieser Jugendliche: »Aber der Chef hat gesagt …«

»Ich weiß«, antwortete ich, »ich werde mit dem Chef sprechen.«

Dem Summerer, der diese Szene verfolgt hatte, erklärte ich: »Diese Blumen bring ich nun deiner Frau und ich werde ihr sagen, dass du ihr diese Rosen schickst. Nach einer so schweren Nacht hat sich Irmgard diesen Rosenstrauß verdient, aber auch einen Ehemann, der sich um sie kümmert, der nicht nur schreit, sondern zumindest ein paar gute Worte für sie hat.«

»Ich schrei doch net«, wehrte sich der Summerer, »ich hab bloß eine laute Stimm.«

Die Rosen, die ich in der Kristallvase sorgfältig angeordnet hatte, waren eine wahre Pracht. »Sind die schön«, hörte ich Irmgard ausrufen. »Sind die von meinem Mann?«, fragte die junge Mutter.

»Natürlich«, antwortete ich, »wer sonst würde dir rote Rosen schenken?« Beglückt schaute sie auf die Pracht dieser Blumen, die nun in den Strahlen der Morgensonne ihre ganze Schönheit zeigten, oder war es das Geschenk ihres Mannes, das sie so erfreute?

Auf der Treppe begegnete mir der Summerer mit

frischem Hemd und glatt rasiert. Es war nicht schwer zu erraten, wohin sein Weg führte.

»Wie geht's den beiden?«, war seine Frage.

»Alles ist bestens. Irmgard wartet schon auf dich und ich freue mich, dass du trotz allem Ärger Zeit für die beiden hast.«

»Ja mei, sonst gibst du ja doch keine Ruh«, war seine Antwort. Später konnte ich den Summerer beobachten, wie er, über den unerwünschten Buben gebeugt, dessen lange Haare in die richtige Form zu bringen versuchte. Eine Geste, die zeigte, dass er dieses Kind angenommen hatte. Der schreiende, cholerische Metzgermeister Summerer war nun ein friedlicher, fast liebenswerter Familienvater geworden, der sich damit abgefunden hatte, nicht alles, vor allem nicht die Natur, die ihre eigenen Gesetze hat, in die Knie zwingen zu können.

In seinem tiefsten Inneren aber war der Wunsch nach einer Tochter immer noch lebendig. Bevor ich die Familie Summerer verließ, hatte dieser enttäuschte Vater noch eine Frage an mich: »Meinst, dass es doch noch möglich sein wird, dass in dieses Haus ein Dirndl kommt?«

»O ja«, antwortete ich, »daran glaub ich ganz fest und ich würd es dir von Herzen gönnen! Auch für mich selbst würde ich es wünschen, weil du dann, wie ich hoffe, ein wenig freundlicher mit mir umgehen würdest.«

»Nein, nein«, meinte der Summerer, »nix für ungut, ich hab bestimmt nix gegen dich, aber lauter Buben, nie ein Dirndl, das wurmt einen ... momentan.«

Dem Metzgermeister Summerer wurde sein heißer Wunsch mit den beiden Zwillingsmädchen Julia und

Isolde doch noch erfüllt. »Zwei Dirndl«, rief nach der Geburt der zwei gesunden Kinder der glückliche Vater aus. »Das ist ja kaum zu glauben.« Dabei liefen diesem starken Mann Tränen über seine Wangen. Irmgard bekam dieses Mal die roten Rosen aus der Hand ihres Mannes überreicht, wortlos, weil das Würgen in seiner Kehle so hartnäckig war. Es war kaum zu glauben. Auch mir überreichte der Summerer Blumen, zwei langstielige weiße Rosen: »Für ein jedes Dirndl eine.«

»Ich danke dir und ich freue mich«, sagte ich, »dass es diesmal keine Missstimmung gibt.«

Über die große, schwere Kerze, die eines Tages am Marienaltar in der Kirche stand, wunderten sich die Kirchenbesucher vorerst und rätselten, wer sich zu so großem Dank an die Gottesmutter verpflichtet fühlte. Als aber dann der weibliche Kindersegen im Hause Summerer bekannt wurde, bedurfte es keiner Frage mehr.

Unvernunft tut selten gut

Aber nicht immer waren meine Begegnungen mit traurigen, deprimierenden Umständen verbunden. Es ergaben sich auch des Öfteren Situationen, die einen heiteren Charakter hatten. Diese Geschichte beweist, wie belastbar die Frauen auf dem Land waren, für die eine Geburt vor allem eine unerfreuliche Unterbrechung ihres Arbeitslebens bedeutete, weil sie nur in der Arbeit den echten Sinn ihres Lebens sahen.

Es war ein Karsamstag, ein Tag wie aus dem Bilderbuch. Nach langen Regentagen kam der Frühling mit Sonne, Wärme und Lebensfreude. Drüben am Waldrand blühten die ersten Anemonen; in die Natur kam wieder neues Leben nach einem kalten, schneereichen Winter. Ich war an diesem Tag frühmorgens auf dem Weg zu einer werdenden Mutter, die sehr wahrscheinlich Zwillinge bekommen würde. Der Ruf nach mir kam spät, zu spät, denn das erste Kind war schon geboren, als ich das Haus betrat. Der zweite Zwilling fand etwas verspätet als Steißlage den Weg ins Leben. Er hatte es, bedingt durch die schwierige Lage, nicht so eilig wie sein Bruder. Aber auch er kam, mit meiner Hilfe und ohne Komplikationen, zur Welt.

Zu drei lebhaften Mädchen kamen nun die beiden Zwillingsbrüder dazu. Welche die Familie vervollständigten. Denn ein Hof war in seinem Wert und in den Augen der Bauern gemindert, wenn es nur Mädchen gab – eine alte, überkommene Meinung, die Bedeutung hatte.

»Du hast mich aber spät rufen lassen«, sagte ich ein wenig vorwurfsvoll zu Resi, der Bäuerin.

»Ja mei«, antwortete diese, »und außerdem hab ich in etwa zwei Wochen erst damit gerechnet.«

Diese Landfrauen sahen ihre Arbeit im Stall bei Kühen und Kälbern als vorrangig an, was sie selbst betraf, stand im Hintergrund. Die gelegentlichen Beschwerden, besonders was die Schwangerschaft anging, ertrug man, ohne darüber lange nachzudenken, dafür hatte man keine Zeit. Zimperlichkeit war nicht gefragt, weil sich naturgemäß alles von selbst wieder einrenkt. So wurde auch den Kindern von klein auf diese Lebensweise beigebracht, dies erfolgte ganz zwangsläufig, weil die Erwachsenen das Beispiel dafür gaben.

Die Resi fühlte sich als Wöchnerin sichtlich wohl. Sie konnte sich wieder einmal ausruhen und vor allem schlafen. Die Großmutter kümmerte sich um die Kinder. Der Haushalt funktionierte unter ihrer Führung bestens. Die Zwillinge lagen neben der Mutter im Bett, um sie in ihrer Nähe zu haben, und ihr Mann, der Xaver, wurde von seiner Schlafstelle aus bestimmten Gründen, und weil es bequemer war, ausquartiert. Er nächtigte in der oberen Kammer, so wie er es immer tat, wenn ein neues Kind für eine gewisse Zeit seinen Platz in der ehelichen Schlafkammer einnahm. Man war zufrieden, so wie es war.

Zwei Tage gefiel es der Resi im Bett, dann war sie nicht mehr zu halten.

Als ich am dritten Tag, am Osterdienstag, auf ihren Hof kam, um Mutter und Kind zu versorgen, da sah ich schon von weitem, dass sich die Resi selbst versorgt hatte. Auf dem Traktor sitzend, das Jauchefass hinter sich herziehend, verteilte sie den sprudelnden Inhalt auf den Obstgarten. Dabei ging es zwischen den Bäumen kreuz und quer, auf und ab. Resi war so vertieft in ihre Arbeit, die eine gewisse Konzentration erforderte, dass sie mich vorerst nicht wahrnahm.

Plötzlich sah sie mich vor sich stehen und an ihrem Erschrecken erkannte ich, wie unangenehm ihr mein Erscheinen war, weil sie eine Strafpredigt zu erwarten hatte, und sie wollte doch nur gute Worte von mir hören.

Das alles war zu viel für die Resi. Durch die Schrecksekunde war sie nicht mehr fähig, sich zu konzentrieren; sie konnte dem Apfelbaum, der im Weg stand, nicht mehr ausweichen. Mit einem dumpfen Schlag endete hier die Traktorfahrt, die dem Baum erhebliche Wunden zugefügt hat. Der Inhalt des Jauchefasses sprudelte aber indessen munter weiter. In einer Vertiefung bildete sich ein kleiner See und ansonsten floss das übel riechende Nass in kleinen Bächen den Hang hinunter. Die Resi war nicht mehr Herr der Lage. Mit Zerren und Drehen versuchte sie, diesen verflixten Mechanismus in den Griff zu bekommen, um den Lauf der Jauche zu stoppen. Aber alles war umsonst. Ob ein technischer Fehler vorlag oder die ungeschickten Hände der Resi an dem erneuten Malheur schuld waren, diese Frage konnte vorerst nicht geklärt werden.

Zum Glück kam Xaver, der Bauer, um die Hausecke gelaufen, der mit ein paar geübten Griffen das Auslaufen der Jauche bremsen konnte. Seine Hilfe aber war spät, zu spät gekommen, denn das Fass war fast leer.

»Ich hab ja gleich gesagt, sie soll im Bett oder zumindest im Haus bleiben. Diese Arbeit ist nix für eine Wöchnerin. Aber auf mich hört sie ja net«, beklagte sich der Xaver bei mir.

Der Ärger an diesem Tag war aber noch nicht beendet. Die drei Mädchen stürzten sich mit lautem Geschrei in den kleinen Jauchesee, jubelten und freuten sich, planschen zu können, mit dem Ergebnis, dass ihnen die stinkende Brühe über Haare und Kleider lief und sie völlig durchnässte. Die Großmutter machte dieser ungewöhnlichen Freude ein Ende, indem sie jede Einzelne von ihnen am Schopf packte und im Stall ihre Säuberung vornahm.

»Warum musst du auch schon so früh kommen, ich hab dich erst später erwartet«, rechtfertigte sich die Resi. »Da wär ich mit meiner Arbeit fertig gewesen, aber so ...«

Meine Antwort gefiel ihr nicht so recht, als ich meinte: »Du hörst weder auf mich noch auf deinen Mann. Es wäre besser, du würdest gut gemeinte Ratschläge annehmen, denn deine Achtlosigkeit, was die Gesundheit angeht, könnte böse Folgen haben.«

Die restlichen Tage des Wochenbettes fand ich die Resi immer im Bett beziehungsweise im Haus vor, obwohl ich absichtlich zu verschiedenen Zeiten kam.

Diese Mutter hat trotz der Vorkommnisse und meiner Bedenken alles gut überstanden. Auch den drei Mädchen konnte die Nässe, die an diesem kühlen Frühlingstag bis an die Haut gedrungen war, nichts anhaben. Es ist oftmals eine harte Schule, durch die diese Menschen auf dem Land gehen, aber sie bekommen dadurch Widerstandskraft und Zähigkeit.

Macht Reichtum glücklich?

Jede Arbeit verdient ihren Lohn, so hatte man es in der Schule gelernt. Dass dies nicht immer und in jedem Fall anerkannt wird, diese Erfahrung muss erst einmal gemacht werden. Auch im Beruf einer Hebamme ist es logischerweise nicht möglich, ohne Entgelt zu arbeiten. In diesem Punkt aber hatte der Straßner-Bauer, wie folgende Geschichte beweist, seine ganz eigene Meinung, weil er es als bewiesen ansah, dass Kinder eh von alleine kommen.

Ein strahlend schöner Sommertag, der die Menschen fröhlich stimmte, hielt für mich am frühen Morgen einen Ärger bereit, den ich nicht vorausahnen konnte. Der Straßner-Bauer begehrte mit einem längeren kräftigen Läuten an der Hausglocke Einlass.

»Bist heut schon früh unterwegs«, wollte ich gerade sagen, als er meine Anrede unterbrach: »Ich muss mit dir reden und ganz energisch muss ich mit dir reden.«

Nun unterbrach ich ihn und meinte, er solle sich erst einmal setzen, so könne man besser miteinander reden.

Der Straßner ließ sich schwer auf den ihm angebotenen Stuhl fallen; sein Gesichtsausdruck, vor allem seine gerunzelte Stirn ließen erkennen, dass diese Aussprache mit Sicherheit nichts Gutes verheißen wird. Aus seiner Joppentasche suchte er, wie es schien, einen wichtigen Beleg, den er mir nun vor die Nase hielt. Ich erkannte sofort eines meiner Rechnungsformulare, mit dem der Straßner-Bauer hin- und herwedelte, um mir zu zeigen, dass er mir nun ordentlich seine Meinung sagen wird, weil ich mir erlaubt hätte, ihm eine Hebammenrechnung von fünfzig Mark zuzusenden, die er anlässlich der Geburt seines Kindes am soundsovielten zu entrichten hätte.

»Du wirst doch net glauben, dass du mich da zur Zahlung dieser Rechnung verpflichten kannst? Nix kannst du, absolut nix!« Bei diesen Worten zerriss er das Rechnungsformular in mehrere kleine Teile und ließ es mit erhobenem Arm und wirkungsvoller Geste auf den Boden flattern. »Jetzt kannst sehn, was dein Geschreibsel wert ist!«

Stumm sah ich den Papierfetzen nach, die durch den Luftzug des offenen Fensters durch den Raum flatterten, wertlos, als Abfall. Die Situation von damals ging mir blitzschnell durch den Kopf. Die damalige Ehefrau des Straßner-Bauern verließ kurz vor der Geburt ihres Kindes ihn und den Hof mit der keifenden Altbäuerin aus Gründen, die durchaus verständlich waren. Die werdende Mutter fand auf dem Greinet-Hof, ihrer ehemaligen Heimat, wieder Aufnahme, den sie damals verlassen hatte, um den Srtaßner-Bauern zu heiraten. Bald nach dem Zerwürfnis wurde der Hoferbe des Straßner-Hofes nicht dort, wo er rechtmäßig hingehört hätte, sondern auf dem Greinet-Hof, der Heimat seiner Mutter, geboren. Das war die Sachlage damals. Der Vater wollte nun für meine Gebühren nicht aufkommen und begründete dies so: »Die Kathi, mein Weib«, schimpfte er, »ist mir und dem Hof davongelaufen, so mir nix, dir nix, dafür kann ich nix, wenn's ihr bei mir net passt.«

»Sie wird wohl ihre Gründe gehabt haben«, gab ich ihm zu verstehen.

»Gar nix hat sie«, fuhr er fort, »und wenn ich mich in der Küche auf die Ofenbank setz zum Aufwärmen und sie derweil die Stallarbeit macht, wie sie mir das vorgehalten hat, dann steht mir das als Bauer durchaus zu, wennst verstehst, was ich meine. Lauf ich deswegen gleich davon?«

»Weißt, Straßner«, antwortete ich, »deine unliebsamen Familienverhältnisse gehen nur dich etwas an. Du musst verstehen, dass ich auf meiner rechtmäßigen Forderung dir gegenüber bestehen muss, weil jede Arbeit ihren Lohn verdient.«

»Arbeit möchst du sagn! Bist bloß zehn Tag nach Greinet hingangen und net einmal die Windeln hast gewaschen, was dir zugestanden wär, hab ich mir sagen lassen. Und da verlangst du fünfzig Mark! Für was, frag ich mich. Die Kinder kommen allerweil noch allein, und da möchst du von Arbeit reden und einen Haufen Geld verlangen?«

Mit diesem Mann konnte man kein Gespräch führen. Seine Ansichten waren unlogisch, er selbst egozentrisch. Er konnte nicht nachvollziehen, dass Beistand bei der Geburt eines Kindes zu honorieren ist, er lebte in einer anderen Welt. Er verabschiedete sich mit einer nichts sagenden Drohung: »Und jetzt geh ich zu meinem Anwalt, der soll dir einmal die Leviten lesen! Von mir, dem Straßner-Bauern, kriegst du keinen Pfennig! Nicht einen Pfennig!«, wiederholte er sich. »Meine Bäuerin hätt bloß net davonlaufen brauchen, aber so … bin ich zu nix verpflichtet.«

Als er die Tür mit lautem Knall schloss, musste ich erst einmal tief durchatmen, um nachdenken zu können, ob es sich bei so viel Streit lohnte, auf meiner

Forderung zu bestehen. Ich kam zu dem Entschluss, auf die Summe von fünfzig Mark zu verzichten, um weiterem Ärger aus dem Weg zu gehen. Mit diesem Gedanken verbrachte ich den restlichen Tag und die kommende Nacht.

Die unschöne Auseinandersetzung belastete mich längere Zeit, weil meine Arbeit, der ich mit ganzem körperlichen und seelischen Einsatz und in voller Verantwortung nachging, als wertlos erachtet wurde. Der angedrohte, vorausgesagte Brief des Anwaltes kam nach einigen Wochen. Er war mir nicht mehr wichtig, weil ich mich zum Verzicht auf meine Gebühren entschieden hatte und die Angelegenheit als abgeschlossen betrachtete. Erstaunt las ich in diesem Schreiben, dass Ludwig Straßner aus Straß bereit sei, die mir rechtlich zustehenden Hebammengebühren zu entrichten. Ich fand keine Genugtuung darüber, dass ich zu meinem Recht kommen sollte und dass der Straßner-Bauer der Unterlegene war. Hier ging es um ethische Werte, nicht um die Summe von fünfzig Mark. Als mir dieses Geld per Post zugeschickt wurde, lief der kleine Markus mit seinen flinken Beinen schon in das zweite Lebensjahr.

Der Straßner-Hof ist mir in ganz besonderer Erinnerung geblieben. Es wurde viel über ihn und die Vorkommnisse dort diskutiert, weil sie aus dem Rahmen der Lebensgewohnheiten der bäuerlichen Bevölkerung fielen. Das gab Gesprächsstoff auch in der weiteren Umgebung. Nur allmählich beruhigte man sich, weil andere Ereignisse in den Vordergrund traten, und außerdem war man sich sicher, dass die Kathi irgendwann wieder auf den Straßner-Hof zurückkehren würde mit Markus, dem Hoferben, der auf diesen Besitz Anspruch hatte.

Aber die Straßner-Bäuerin kam nicht mehr zurück. Sie suchte ihren eigenen Weg. Die Trennung dieser Ehe wurde gerichtlich vollzogen und das Kind der Mutter zugesprochen. Eine Scheidung in bäuerlichen Kreisen – so etwas war damals einmalig.

Die Diskussionen um den Straßner-Hof begannen von neuem und man war sich einig: So weit hätte es nicht kommen dürfen. Wenn eine Bäuerin, aus welchen Gründen auch immer, für ein paar Tage, schlimmstenfalls für eine Woche, weglief, ist sie immer wieder zurückgekehrt oder der Bauer hat sie mit guten Worten und mit einem Silber- oder Goldkettchen zurückgeholt und alles war wieder wie früher. In diesem Fall aber war der Zwiespalt tiefer, anders. Es kam zum endgültigen Bruch, zur Scheidung dieser Ehe, und das machte die Sache so interessant, so einmalig.

»Ja«, meinte die Aderer-Bäuerin zu mir, »eine Bäuerin und dem Hof davonlaufen, wo gibt's denn so was. Jeder Verdruss renkt sich wieder ein, wenn man nur will, aber davonlaufen, und das für immer, wo käm man denn da hin, wenn man bei jeder Kleinigkeit, die einem nicht passt, auf und davon ginge und sich scheiden ließ. Ja, haben denn die Leut kein Gewissen nimmer!«

»Er ist ganz allein schuld«, eröffnete mir der Greitl-Bauer. »Er, der Großkopferte, der glaubt, er ist was Besonderes, der Leutschinder, der meint, er kann sich alles erlauben. Seine Bäuerin hat Recht gehabt, dass sie ihm davon ist.«

So war die Meinung, was den Straßner-Hof anging, geteilt. Einig war man sich, dass eine Scheidung der Ehe gegen alle guten Sitten und alle Traditionen verstoße und dass man dafür kein Verständnis aufbringen könne. Die Landbevölkerung wollte die Neuerungen der Zeit nicht in ihre überlieferten Lebensformen aufnehmen. Ethische und religiöse Ansichten sprachen dagegen, sie spielten eine entscheidende Rolle.

Kathi, die einstige Straßner-Bäuerin, hat ihren guten Weg im Alleingang mit ihrem kleinen Markus gefunden. Dieses Kind ist zu ihrem Lebensinhalt geworden. Ihre Zweisamkeit wollte Kathi von keinem Außenstehenden gestört wissen. Wenn wir uns heute, nach langen Jahren, begegnen, erzählt sie mir aus ihrem Leben. Zum Straßner-Hof besteht keine Verbindung mehr. Markus fragt manchmal nach seinem Vater, doch dieser hat keine Sehnsucht nach seinem Kind. Er hat es vermutlich noch nie gesehen. Den Straßner-Hof bewohnt heute ein unzufriedener, einsamer Mann, der es nicht verstanden hat, nicht verstehen wollte, sein Lebensglück festzuhalten, und dem sein Stolz verbietet, anderen die Hand zu reichen.

Arm an Geld, reich an Kindern

Die Kleinen, die Taglöhner, hatten es in früherer Zeit nicht leicht. Der karge Lohn, den der Mann nach Hause brachte, die oft ärmliche Wohnung und die vielen Kinder, die sich meist die Betten und das knappe Essen teilen mussten, waren nicht angetan, eine besondere Freude am Leben aufkommen zu lassen. Solche Häusl-Weiber, wie diese einfachen Frauen genannt wurden, waren echte Lebenskünstlerinnen, erfahrene Rechenexpertinnen, was das Haushaltsgeld anging, sofern es überhaupt eines gab.

Die Niedermeierin war eine dieser geplagten Häusl-Weiber, die aus Kartoffeln und Milch ein einigermaßen schmackhaftes Essen für ihre große Familie zaubern konnten. Diese beiden Grundnahrungsmittel erarbeitete sie bei den umliegenden Bauern bei der Heu- und Kartoffelernte, zusätzlich lieferte noch der Wald Beeren und Pilze, wobei die Kinder die Mutter beim Suchen und Sammeln unterstützen mussten. Sie holten noch zusätzlich Tannenzapfen und Kleinholz aus dem Wald für den Ofen in der Stube, die zugleich Küche und Schlafraum für die Kinder war. Eines hatte die Niedermeierin den meisten Häusl-Weibern voraus: Ihr Ehemann, der Wigg, war ihr ein treuer Begleiter auf dem mühsamen Weg ihres Lebens, der für sie alles tat, sofern es seine finanziellen Kräfte zuließen. Heute stand ich das zehnte Mal am Kreißbett der Niedermeierin. Neun Kinder hatten ihre Kräfte erheblich geschwächt, denn die Zeit der Erholung nach den Geburten war kurz. Geburten und Fehlgeburten lösten sich in immer wiederkehrender Reihenfolge ab. Der überarbeitete, geschundene Körper, die kranken Beine der Niedermeierin sagten alles, was es zu sagen gab.

»Ich wär ja zufrieden mit meinem Leben, hab gesunde Kinder, einen guten Mann. Aber die vielen Kinder, die ich auf die Welt bringen muss, Jahr für Jahr, immer wieder, das ist ein Kreuz«, beschwerte sich diese geplagte Frau bei mir. »Über meinen Mann kann ich net schimpfen, bestimmt net, aber da ist er schuld, er allein.«

Das war einleuchtend. Die Mittel zur Geburtenkontrolle waren damals noch beschränkt, und wenn der Mann dazu nicht bereit war, dann war es schwierig, einen brauchbaren Rat zu geben.

Nun war das zehnte Kind am Leben, das wiederum die Kräfte der Mutter schmälerte. Es nahm sich, was es zu seinem Wachstum brauchte, ohne sich um die Mutter und ihre Gesundheit zu kümmern. Die Natur will es so. Der Niedermeier trat nun leise an das Bett seiner Frau. Ein wenig schuldbewusst, wie es schien, strich er ihr ein wenig unbeholfen über Haar und Wangen mit den Worten: »Bist mir allerweil noch bös?«

»Nein, Vater«, gab sie zur Antwort, »aber ich hoffe, dass das doch das Letzte ist.« Das hoffte der Kindesvater ebenfalls. Es war aber fraglich, ob es nicht bei guten Vorsätzen bleiben würde.

Auf dem Heimweg dachte ich über die vergangenen Stunden nach, während ich an den reichen Bauernhöfen vorbeifuhr, denen man von außen den Wohlstand ansehen konnte, an den breit ausladenden Gebäuden der Stallungen und Wohnräume. Deren Bewohner nicht mit Not zu kämpfen hatten so wie die Häuslleut, die von der Hand in den Mund lebten und zufrieden waren, wenn sie an einem Tag das Notwendige hatten, das sie brauchten.

Bei diesen Überlegungen wurde mir klar, dass darüber nachzudenken keine neuen Erkenntnisse bringt und dass es Wohlhabenheit und Armut schon immer gegeben hat.

Beim zweiten Wochenbettbesuch konnte ich feststellen, dass es der Niedermeierin wider Erwarten recht gut ging. Die Rückelbäuerin hatte mit Milch und Eiern dafür gesorgt, dass der geschwächte Körper der Wöchnerin wieder auf die Beine kam.

Den dritten Tag kam ich, wie immer, in das Häusl der Niedermeiers, um Mutter und Kind zu versorgen. Es war später Vormittag. Heiß und schwül war der Tag. Die Sonne brannte unbarmherzig auf Mensch und Tier, auf Wiesen und Felder. Die dunklen Gewitterwolken im Westen verhießen nichts Gutes. In wenigen Stunden würde das Unwetter losbrechen.

Die Tür zur Wohnung stand offen, aber das Bett der Wöchnerin war leer. Das Neugeborene lag friedlich schlafend in seinem Bett, nichts rührte sich, alles war still.

Mit einem Blick aus dem Fenster sah ich draußen auf dem Feld das Unglaubliche. Die Niedermeierin stand hoch auf dem Getreidewagen, die Garben ordnend, die ihr von unten zugeworfen wurden. Dabei schlugen ihr gelegentlich die schweren Ähren in ihr erhitztes Gesicht. Doch unbekümmert davon fuhr sie fort, die Garben aufzuschlichten, die den Wagen immer höher werden ließen. Die Hitze, der Staub trugen dazu bei, dass diese Arbeit um das Mehrfache erschwert wurde. Es war kaum zu glauben, was sich diese Wöchnerin zumutete.

Ich wusste, dass die Frauen und Mütter der Kleinhäusler zäh und belastbar waren, aber die Niedermeierin, diese, wie ich wusste, kränkliche Frau, leistete am dritten Tag nach der Geburt ihres Kindes Schwerstarbeit für ihren Wohltäter, den Rüttelbauern.

»Ja mei«, entschuldigte sie sich bei mir, »das Gewitter steht schon hinten, in einer Stunde wird's regnen und das Getreide soll heimkommen, da hab ich halt mitgeholfen, weil die Leut zu wenig waren.«

Nach diesem Erlebnis hatte ich eine unruhige Nacht. Wenn es nun doch zu Komplikationen käme und zehn Kinder fragen nach der Mutter? Es war nicht auszudenken, dies musste verhindert werden mit allen zu Gebote stehenden Mitteln und unter Einsatz aller Kräfte.

Am nächsten Tag machte ich mich schon früh auf den Weg, um nach dieser Mutter und ihrem Kind zu sehen. Lachend sah mir die Niedermeierin entgegen, keine Zeichen von eventuellen Schwierigkeiten. Mir fiel ein Stein vom Herzen. Als auch Puls und Temperatur normale Werte zeigten, war ich dieser Sorge, die mich erheblich belastet hatte, enthoben. Es war wieder einmal gut gegangen, und an einen Schutzengel glaubte ich nach dieser Erfahrung mehr denn je.

Der Niedermeier hat meine warnenden Worte, die ich ihm beim Abschied noch dringend ans Herz gelegt hatte, angenommen. Mit dem zehnten Kind war der Kindersegen in dieser Familie beendet. Diese Mutter hatte mehr als ihre Pflicht getan. Sie verdiente, wie so viele andere dieser geplagten Mütter, eine Ehrenkrone.

Innerlich arm

Immer wieder erlebte ich Familien, die mit erheblichen Geldschwierigkeiten zu kämpfen hatten, weil beiden Partnern das Geld durch die Finger rann und überwiegend in Zigaretten und Alkohol umgesetzt wurde. Für das Notwendige blieb nicht mehr viel übrig. Mitte der Woche war meist die Kasse schon leer, Streit und Schuldzuweisungen waren dann die Folge und die Kinder die Leidtragenden.

Zur Familie Berthold kam ich kurz vor Weihnachten, um dem siebten Kind zum Leben zu verhelfen. Vor der Stubentür stand ich einem Chaos von Gummistiefeln, Schuhen und Hausschuhen gegenüber, die, achtlos durcheinander geworfen, den Zutritt zu einem Balanceakt machten. Mein kräftiges Klopfen wurde durch die laute, ohrenbetäubende Jazzmusik übertönt, und so betrat ich ungefragt den Raum.

Zwei bellende, struppige Hunde kamen fauchend auf mich zu, um ihr Revier zu verteidigen. Eine Welle von Alkohol und Tabakrauch schlug mir entgegen, die Luft war zum Schneiden in dieser Stube und der rauchende Küchenherd verbesserte keineswegs die trostlose Lage. Die kleineren Kinder balgten sich am Boden mit den zwei Hunden, die bellend von einem zum andern liefen. Traute, die werdende Mutter, saß Zigaretten rauchend auf dem Kanapee, ein Möbelstück, das diesen Namen nicht mehr verdiente, denn Kinder und Hunde hatten ein Wrack daraus gemacht.

Meine Frage nach Luk, dem Ehemann, der ein wenig Ordnung in dieses Durcheinander bringen müsste, beantwortete Traute mit: »Ich weiß net, der ist von der Arbeit noch gar net heimgekommen. In der Kantine wird er halt saufen, wie immer.«

Vorwürfe waren hier wenig am Platz, wenn man einmal davon absah, dass der Ehemann sie in diesen Stunden alleine ließ, denn Traute war auch nicht mehr nüchtern. Die Wärmflasche im Rücken, apathisch Zigaretten zwischen den Lippen, störte sie weder die laute Musik noch das Geschrei der vier kleinen Kinder noch das Gebell der beiden Hunde. Es war bereits zwanzig Uhr, als die beiden größeren Buben noch an ihren Hausaufgaben schrieben, die mit Sicherheit keine guten Noten erbrachten. Denn diesen beiden Kindern fielen vor Übermüdung immer wieder ihre Augen zu, und sich in diesem Chaos zu konzentrieren, das war so gut wie unmöglich.

Da hatte ich allerhand vor mir. Der lauten Musik machte ich als Erstes ein Ende; die kleineren Kinder mussten, damit ich Ruhe vor ihrem Geschrei und dem Bellen der Hunde zu bekam, zu Bett gebracht werden. Den beiden schulpflichtigen Buben nahm ich ihre Hausaufgaben, die nur halb fertig waren, aus der Hand mit der Aufforderung: »Ihr müsst jetzt schlafen gehen.«

»Aber der Herr Lehrer ...«, riefen die beiden gleichzeitig.

»Mit dem wird ich morgen sprechen, ihr braucht keine Angst haben«, beruhigte ich sie.

Endlich war so weit Ruhe eingekehrt, dass ich mich der werdenden Mutter widmen konnte. Diese sah mich mit verstörten Augen an, als ich ihr die brennende Zigarette aus der Hand nahm und sie aufforderte, zu Bett zu gehen. Mit unsicheren Schritten kam sie meiner Anordnung nach, willenlos sich ihrem Schicksal ergebend.

Es war bereits Mitternacht, als die kleine Nina in diese chaotische Familie hineingeboren wurde. Traute nahm ihr Kind zwar in den Arm, aber die Freude darüber hielt sich in Grenzen. Dieses Kind war gezeichnet von dem Lebenswandel der Mutter. Alkohol und Nikotin hatten zerstörend auf das werdende Leben gewirkt, das nun, da es geboren und nicht mehr in direkter Abhängigkeit zur Mutter war, unter Entzugserscheinungen leiden würde. Es würde um das eigenständige Leben über einen längeren Zeitraum kämpfen müssen.

Mir blieb die Aufgabe, dieses arme Kind im Auge zu behalten, falls fachärztliche Hilfe notwendig werden sollte.

»Das ist jetzt das siebte Kind, und wieder wird dadurch die Arbeit mehr und das Geld immer weniger. Mein Leben ist's eh net wert, dass ich's leb. Rauchen und Saufen ist das Einzige, das ich noch hab. Sonst könnt ich dieses miserable Leben net ertragen. Nein, nie«, beklagte sie sich. Traute war nun nüchtern geworden und in das wirkliche Leben, das nur Konflikte brachte, wieder zurückgekehrt.

»Dass du dir selbst dein Leben zerstörst, wird dir das gar nicht bewusst?«, fragte ich.

»Das ist mir auch Wurscht, mein Leben ist eh nix wert.«

Verbitterung, Verzweiflung sprachen aus diesen Worten. Dabei wäre mit etwas gutem Willen viel zu erreichen gewesen, denn Luk war ein guter Arbeiter, wenn er nüchtern war. Sein Verdienst hätte ausgereicht, die Familie relativ gut zu versorgen. Doch Alkohol und der Überkonsum an Zigaretten ließen die Familie nicht hochkommen. Immer mehr ging es abwärts in die unteren sozialen Schichten.

Am nächsten Tag fand ich Traute, wieder Zigaretten rauchend, auf ihrem Kanapee vor, eine Tasse schwarzen Kaffee neben sich, von dem sie ab und zu einen Schluck nahm. Zwei ältere Frauen, die sie als Freundinnen bezeichnete, leisteten ihr, ebenfalls rauchend, Gesellschaft. Beide Frauen waren verwitwet und kamen aus dem gleichen Milieu wie Traute und ihre Familie. Darum die Seelenverwandtschaft dieser ungleichen Freundinnen.
  Das Chaos in der Stube hatte sich kaum verringert. Die beiden Hunde balgten sich wieder mit den Kindern, die weder gewaschen noch angezogen waren. Luk, der Ehemann, war zur Arbeit gegangen und den tristen häuslichen Verhältnissen entflohen. Wenn die beiden größeren Buben von der Schule nach Hause kamen, wartete eine Menge Arbeit auf sie, die sie vermutlich murrend verrichten würden. Anschließend würden sie, wenn die Kasse – wie üblich – leer und der letzte Wochenlohn aufgebraucht wäre, auf »Kreditsuche« geschickt.
  Es ist immer der gleiche Vorgang, der sich abspielt. Jeder der beiden größeren Buben nimmt ein kleineres Geschwister an die Hand und sie machen sich auf den Weg mit einem Zettel, den die Mutter mit folgendem Wortlaut beschrieben hat: »Wir brauchen dringend Brot. Leihen Sie uns 10 DM. Wir zahlen nächste Woche wieder zurück, weil wir eine Nachzahlung erwarten.« Heute war der Metzgermeister Summerer an der Reihe und morgen Fräulein Müller, die Lehre-

rin. Der gegebene Kredit war meist nicht höher als ein paar Mark, denn man wusste aus Erfahrung, dass diese »Leihgabe« nie zurückgegeben wurde. Wenn Fräulein Müller an der Reihe war, dann war man weniger erfolgreich, denn das Fräulein Lehrerin kannte die Verhältnisse der Bertholds zu gut und verwies die Kinder auf den Dampfl-Bäck, bei dem sie sich auf ihre Kosten Brot holen könnten. Dieses Angebot wurde aber, wie mir Fräulein Müller erzählte, nie wahrgenommen, denn mit Brot konnte man keine Zigaretten kaufen, und somit stellte man die Besuche beim Fräulein Lehrerin weitestgehend ein.

Die kleine Nina kämpfte sich wider Erwarten beharrlich durch die kritische Phase ihres jungen Lebens. Es war mir immer wieder ein Rätsel, warum gerade ungewollte Kinder so hartnäckig um ihr Leben ringen, das außer Schwierigkeiten und sozialer Schwäche nichts zu bieten hat.

Traute und ihre Freundinnen waren ein festes Team und pflegten ihre Freundschaft auf ihre Weise. Gelegentlich sah ich die zwei zusammen mit Traute am Steuer ihres Autos, das weder versichert noch versteuert war, wie ich später erfahren habe.

An einem regnerischen Tag passierte das Unglück. Traute unterschätzte die Kurve an der Wildbachbrücke, die abgefahrenen Reifen boten keinen Halt. Das Fahrzeug kam ins Schleudern und die beiden Fahrgäste barg man tot aus den Trümmern. Sie selbst kam, leicht verletzt, mit dem Leben davon. Die Gerichtsverhandlung, die diesem Unfall mit zwei Toten folgte, beeindruckte die Traute kaum.

»Was soll mir schon passieren«, erzählte sie mir,

»mich einsperren? Unmöglich, ich habe sieben Kinder, und die meisten sind noch klein, die brauchen mich. Geldstrafe? Kann man einem Nackerten in die Tasche greifen? Nachdem ich arm bin wie eine Kirchenmaus, fällt auch das weg. Das Gericht«, sprach sie weiter, »kann mir nicht einmal den Führerschein nehmen.«

Erstaunt erwartete ich ihre Begründung. Es war kaum zu glauben, was ich da hörte. »Denn«, so sagte sie, »ich habe gar keinen Führerschein. Wie sollen sie mir dieses Papier dann nehmen können, wenn ich keinen hab.«

Eine logische Erklärung, die in allen Punkten bei einigem Nachdenken rechtens ist.

Der Tag der Gerichtsverhandlung kam und Traute erwartete in schwarzer Samtrobe, welche die Presse später als auslaufendes Modell bezeichnete, ihren Urteilsspruch. Sie hatte ihre Situation richtig eingeschätzt. Mit einer Bewährungsstrafe verließ sie den Gerichtssaal. Traute war mit einem blauen Auge davongekommen dank ihrer Kenntnisse in rechtlichen Angelegenheiten.

Auf meine Frage, ob sie der Tod ihrer beiden Freundinnen, den sie herbeigeführt habe, nicht sehr belaste, meinte sie: »Mei, die zwei Weiber waren alt und lang gelebt hätten s' eh nimmer. Wenn sie net so alt und schwach gewesen wären, dann hätten sie den Unfall leicht ausgehalten. Es war ihr Schicksal, dass sie da dran gestorben sind.«

Manche Menschen haben eine erstaunliche Ruhe, wenn es um wichtige Fragen geht. Was soll mir schon passieren, heißt es dann. Ist die Kasse wieder einmal leer, der letzte Pfennig ausgegeben, dann findet sich immer – wenn auch mit viel Mühe und Taktik –

jemand, der aus der Not hilft. Schlimmstenfalls müssen die Kinder, wenn nichts anderes mehr hilft zu weinen anfangen. Wenn das Größere weint, so folgt auch das Kleinere zwangsläufig diesem Beispiel. Wer könnte da noch widerstehen?

Herzenskälte

Hochsommerliche Hitze lag über dem Land. Geschäftig gingen die Leute auf Wiesen und Feldern ihrer Arbeit nach, wortlos, stumm – zum vielen Reden hatte man keine Zeit, aber auch keine Veranlassung. Jeder wusste, was es zu tun gab. Die Übung vieler Jahre machte jeden Handgriff zur Routine, und die hohen Temperaturen zwangen zum Schweigen. Das Schwirren der Insekten und der Duft von frischem Heu lag in der Luft und ich atmete den heimatlichen Frieden – eine Wohltat für die strapazierte Seele, die unter solchen Bedingungen zur Ruhe kommt.

Die Grünau, eine am Wildbach gelegene Mulde, still und verträumt, weit weg von aller Unruhe, war heute mit Leben erfüllt. Es war Heuernte, die jede Arbeitskraft erforderte. Auch die größeren Kinder waren schon im Einsatz, um das verstreut liegen gebliebene Heu mit ihren Rechen aufzufangen. Ich betrachtete eine Weile diese Idylle und die Ruhe, die trotz der Geschäftigkeit von diesen Menschen ausging. Da fiel mir ein hoch beladener Heuwagen auf, der vermutlich immer noch nicht hoch genug war, weil ein »Bauschen« Heu nach dem anderen nach oben transportiert wurde, wo sie eine Frau kunstgerecht, wie ich sehen konnte, ineinander ordnete, damit alles einen festen Halt bekam. Erstaunlich flink ging diese Arbeit vor sich und ich bewunderte, mit welcher Präzision und mit wie viel Geschick jedes Bündel von der Frau erfasst und angelegt wurde. Eine solche Schwerstarbeit kann nur eine junge Arbeitskraft, die bei besten Kräften ist, bei sengender Hitze leisten.

Beim Näherkommen erkannte ich die von mir bewunderte junge Frau, die nun hoch oben auf dem Wagen stand und mich lachend grüßte. Es war für mich unfassbar: Die Brandner-Bäuerin, die in wenigen Wochen ihr erstes Kind bekommt, vermutlich werden es Zwillinge sein, rutschte gerade von ihrer luftigen Höhe herab, gekonnt, schon hundertmal geübt, auf den Wiesenboden. Ihr staubiges und schweißtriefendes Gesicht wischte sie sich mit ihrer Schürze langsam und bedächtig ab. Ihr Atem ging schwer und die Anstrengung war ihrem Gesicht anzusehen. Ich konnte ihr den Vorwurf nicht ersparen, als ich meinte: »Das ist nun wirklich keine Arbeit mehr für dich. Bewegung ist in deinem Zustand sicher gut, aber Schwerstarbeit auf keinen Fall. Das ist eine Herausforderung.«

»Ja, mei«, antwortete die Bäuerin, »weißt, meine Schwiegermutter, die hat da kein Erbarmen mit mir, und bevor es Verdruss gibt, da bin ich halt gegangen, aber kaputt bin ich schon, und die Hitz dazu.«

Es war unvorstellbar, was dieser hochschwangeren Frau zugemutet wurde.

An die junge, geschundene Bäuerin musste ich auf meinem Heimweg denken und über die Ruhe und den ländlichen Frieden konnte ich mich nicht mehr so recht freuen.

Noch in der kommenden Nacht wurde ich zu Regine, der Brandner-Bäuerin, gerufen. Es kam zur vorzeitigen Geburt, mehrere Wochen zu früh und, wie erwartet, waren es Zwillinge. Ich wunderte mich, dass statt der Mutter oder Schwiegermutter, wie es in solchen Fällen üblich ist, der junge Ehemann mich unterstützte, mit recht gutem Willen zwar, aber unbeholfen, linkisch. Entschuldigend sagte er: »Die Arbeit im Stall und auf dem Feld, die liegt mir besser, da kenn ich mich aus.«

»Wir werden die Sache schon schaffen«, tröstete ich den jungen Vater, »wenn deine Mutter lieber schlafen möchte, als mir zu helfen.«

»Ja, mei«, antwortete der junge Mann, »die Brandnerin ist net meine Mutter. Ich bin ein angenommenes Kind, weil es auf dem Brandner-Hof keine Kinder 'geben hat. Und ich soll einmal den Hof übernehmen, wenn's so weit ist. Herz hat die Brandnerin noch nie gehabt, mit mir net und mit der Regine auch net. Wie es mit unseren Kindern gehen wird, das weiß man noch net. Gut gehen wird's bestimmt net, wenn man kein Herz hat.«

Mit diesen Aussagen des jungen Mannes war ich über die Verhältnisse dieser Familie informiert, und nun wurde mir auch Regines Überbeanspruchung auf dem Heuwagen klar. Eine harte, herzlose Frau, die solche Anordnungen treffen konnte. Der alte Brandner-Bauer trat wenig in Erscheinung; nur Nanni, seine Bäuerin, war die Dominierende, deren Befehle zu befolgen waren. Sie bestimmte das Geschehen auf dem Hof.

Die beiden frühgeborenen Mädchen gehörten für die erste kritische Phase in fachliche Betreuung. Sie würden es zu Hause schwer haben, sich bei noch so guter Pflege durchzukämpfen.

Der alten Brandnerin war dies nur recht. Sie hatte zu Kindern keine Beziehung und Regines Meinung war sowieso nicht gefragt. Diese hielt die zwei kleinen Mädchen wie beschützend in ihren Armen, glücklich, dass sie lebten, aber auch in Sorge, weil sie unter der Härte dieser keifenden Großmutter aufwachsen sollten, die, wie vorauszusehen war, den Kindern mit Strenge statt mit Zuwendung begegnen würde.

Diesen Anblick ertrug die alte Brandner-Bäuerin nur schwer, wie zu sehen war. Nicht nur die Kinder, auch die Hebamme war ihr ein Dorn im Auge, weil sie das Leben dieser zwei lebensschwachen Kinder, »die eh nix Gescheites werden«, erhalten möcht.

»Jetzt bringt's uns gleich zwei ins Haus, wo wir eh so viel Arbeit haben«, beschwerte sich die alte Brandnerin bei mir, »und Ruh ist auch keine mehr da herin. Mir passt des schon gar net.« Nachdem sie einmal tief Luft geholt hatte, fuhr sie verärgert fort: »Kaum sind s' ein Jahr verheirat, müssen sie schon Kinder haben, und das gleich doppelt.«

Statt einer Antwort sagte ich ihr: »Aber Brandnerin, das ist doch die natürlichste Sache, die es gibt. Und du als eifrige Kirchgängerin musst doch wissen, dass Kinder der Sinn einer Ehe und als Gottesgeschenk anzusehen sind. Hast du das vergessen?«

Sie strich sich ein paar ihrer dünnen Haare aus der Stirn, um über das Gehörte nachzudenken.

»Ein Hof wie der euere«, gab ich ihr weiter zu verstehen, »braucht zu seinem Fortbestehen Kinder, das weißt du doch am besten. Sei net so hartherzig und gib dir ein wenig Mühe, die zwei Kinder als deine Enkelkinder anzusehen. Und irgendwann wirst du ihnen auch noch ein wenig Zuneigung geben können. Du wirst sehen, wie gern die beiden das annehmen.«

»Hartherzig nennt mich die da!«, empörte sich die alte Frau. »Als ob ich hartherzig wär, muss ich mir das gefallen lassen?«, wandte sie sich nun an ihren Mann, den Brandner-Bauern, der zu dem Gespräch hinzugekommen war.

»Na na, die zwei Dirndl sind schon recht«, antwortete dieser, »ich freu mich, dass sie da sind.« Zu seiner Nanni gewandt meinte er gutmütig: »Du musst halt auch ein bisserl nachgeben, Nanni, net allerweil gleich so giftig werden, wenn dir was net passt.«

Die Brandner-Bäuerin hatte für den Vorwurf ihres Mannes keine Antwort. Meine Gegenwart hinderte sie daran, ihm das zu sagen, was sie auf der Zunge hatte. Der strafende Blick aber sagte alles.

Die beiden Zwillinge erholten sich nach einigen Wochen so weit, dass sie aus der Klinik entlassen werden konnten. Nun aber begannen die eigentlichen Probleme für die Eltern mit ihren beiden Kindern. Auf dem Brandner-Hof gab es zu damaliger Zeit noch keinen Telefonanschluss. So wurde ich verständigt, dass die beiden Mädchen aus der Klinik abgeholt werden sollten. Ich überbrachte meinen Auftrag den Eltern der Zwillinge und da gab es eine neue Überraschung. Weder Regine noch Benno, ihr Mann, waren auf dem Hof, nur die alte Brandnerin kam mir entgegen, die mich kritisch musterte, während sie ihre Hände an der Schürze abtrocknete und nach dem Grund meines Kommens fragte: »Ist vielleicht mit den zwei Dirndln etwas net in Ordnung?«, war ihre erste Frage.

»Denen geht es gut«, antwortete ich in dem Glauben, dass sich die Nanni damit abgefunden hätte, dass die beiden Mädchen nun auf dem Hof ihre Heimat haben, dass sie hierher gehören. Der Abholung stand nun nichts mehr im Weg, weil ich wusste, dass es auf dem Brandnerhof ein Auto gab, welches schon etwas betagt, aber noch leistungsfähig war und welches außer dem Bauern nur die Nanni benutzen durfte, obwohl ihre Fahrweise, wie ich des Öfteren beobachtet hatte, erschreckend war. Ständig hupend räumte sie jedes Verkehrshindernis aus dem Weg, und die Beulen an diesem Fahrzeug sprachen nicht für Nannis Fahrkünste.

»Holen sollen wir die Kinder!«, hörte ich die Nanni ausrufen, »ja, sonst nix mehr! Was glauben die Leut in der Stadt eigentlich, jetzt in der Ernte, wo der Haufen Arbeit da ist, da sollen wir die Kinder holen! Noch einmal eine Arbeit mehr und die Regine muss jetzt draußen auf dem Feld sein, net bei den Kindern! Wir können die Dirndl jetzt bei der Ernte net brauchen. Wir net!«, erklärte sie noch einmal ausdrücklich.

Diese Antwort überraschte mich doch sehr. Dass Kinder immer Vorrang haben sollten, das verstand die alte Brandner-Bäuerin immer noch nicht. Denn für sie hatte, so wie es immer war, die Arbeit den Vorrang, alles andere war zweitrangig. Deshalb machte ich ihr einen Vorschlag, der sie zutiefst entsetzte, als ich ihr sagte: »Du bist noch so rüstig, Brandnerin, die Kinder kannst doch du versorgen, wie es alle Großmütter tun, damit die Regine ihrer Arbeit nachgehen kann. Das wär eine schöne Aufgabe für dich.«

»Was dir net einfällt«, entrüstete sich die alte Bäuerin. »Ich, die Brandnerin, soll Kindsmagd machen, das magst du mir sagen, das magst du mir anbieten? Ich mag net und ich kann's auch net«, antwortete sie in höchster Erregung.

»Das hört sich aber gar net gut an«, meinte ich.

»Was ich gesagt hab, hab ich gesagt, und daran ändert deine Rederei gar nix.«

»Schau, Brandnerin«, sprach ich weiter, »alle Kinder kommen nackt, arm und hilflos auf diese Welt, sie haben zu ihrer Behandlung keine Gebrauchsanweisung mitgebracht. Es muss von innen, aus dem Herzen kommen, wie man mit ihnen umzugehen hat. Aus meiner Erfahrung kann ich dir sagen, dazu braucht man kein Lehrbuch. Nichts lernt sich leichter als das.«

»Nein«, antwortete diese hartherzige, herrische Frau, »ich mag net und ich will net. Die Kinder sollen bleiben, wo sie jetzt sind. Am Hof will ich sie net sehen, vorerst net.« Dabei drehte sie sich um und ging ohne Gruß durch die hintere Tür auf die Stallungen zu.

Tage vergingen. Ich glaubte die Kinder längst auf dem Brandnerhof, nur wunderte ich mich, dass ich davon nichts erfuhr und Regine meine Hilfe nicht mehr brauchte. Dann kam ein erneuter Anruf aus dem Kinderkrankenhaus: Wegen Platzmangel müssen die Kinder heute noch abgeholt werden.

Die Brandnerin hatte also meine Nachricht nicht weitergegeben. Es war für mich unfassbar. Ich war aber auch im Zweifel, ob für diese Kinder der Brandnerhof unter diesen Bedingungen zu einer wirklichen Heimat werden kann.

Es war später Nachmittag, als ich die Kinder aus der Klinik holte und sie für die kommende Nacht bei mir behielt, um überlegen zu können, wie es weitergehen sollte. Ich kam zu dem Entschluss, dass die Kinder zu ihren Eltern auf den Brandnerhof gehören, trotz des

Widerstandes und der Hartnäckigkeit der Großmutter. Ich werde um die Mittagszeit, wenn die Familie um den Tisch versammelt ist, die Kinder in die Obhut ihrer Mutter übergeben. So wird die alte Brandner-Bäuerin keine Einwände mehr anbringen können.

Es war wie verhext, dass ich wieder der alten Brandnerin begegnen musste, weil gerade heute noch alle auf dem Feld waren. Ich war zu früh gekommen.

Mit den beiden Zwillingen im Arm wollte ich gerade zur Stubentür. Dazu kam es aber nicht. Die Brandner-Bäuerin drückte mich mitsamt den Kindern zur Haustür zurück und schrie, was ich mir erlaube, ihr die zwei Balgen ins Haus zu bringen, nachdem sie mir das ausdrücklich verboten hätte.

Ich wehrte mich auf meine Weise und sagte ihr, dass mir ihre Verbote im Moment gleichgültig wären und dass ich mir auf jeden Fall Zugang verschaffen würde, damit die Kinder dahin kommen, wo sie hingehören, zu ihren Eltern. Auch wenn ich meine Arme, in denen ich die Kinder hielt, nicht gebrauchen konnte, brachte ich die Brandner-Bäuerin mit einem kräftigen Ruck, den sie nicht erwartet hatte, ins Wanken und erreichte so die Stubentür, die ich nun öffnen konnte. Mit Geschrei und Gekeife kam sie mir nach, um mich noch einmal zur Rede zu stellen, weil ich ihre Anordnungen missachtet hätte.

Durch den Tumult aufmerksam geworden, kam der alte Brandner-Bauer herbei, sah die beiden Kinder, die ich in Wickelkissen auf den Tisch gelegt hatte, sah mich und sein schreiendes Weib und ahnte den Zusammenhang. Sein Blick ging von einem zum anderen und zu seiner Nanni gewandt sagte er in ungewöhnlich hartem Ton: »Verflixt noch einmal, jetzt gib endlich Ruh, die Kinder bleiben da und sie bleiben weiterhin auf dem Brandnerhof. Wenn du keinen Frieden geben kannst, dann rücken wir zwei zusammen. Es wird eh höchste Zeit damit.«

Entsetzt starrte die Brandner-Bäuerin auf ihren Mann, der noch nie in einem solchen Ton mit ihr gesprochen hatte. Mit Zornesträne verließ sie die Stube, um über ihren verlorenen Machtanspruch nachdenken zu können.

Regine und Benno waren glücklich über ihre Kinder. Auch der alte Brandner-Bauer hatte sie in sein Herz geschlossen. Die Nanni stand ihnen nach wie vor ablehnend gegenüber. Sie akzeptierte sie widerwillig, es blieb ihr keine andere Wahl, denn der Brandner-Bauer, ihr Mann, hatte ein Machtwort gesprochen.

Über diese kalte, gefühllose Frau, die sich extrem kinderfeindlich zeigte, machte ich mir meine eigenen Gedanken. Welche Ereignisse gingen diesem Verhalten voraus, gab es solche? Es war schwer zu sagen, was sie veranlasst hatte, diesen Kindern mit absoluter Abneigung zu begegnen. Litt sie an ihrer eigenen Kinderlosigkeit, die sie so verbittert werden ließ? Es blieb ihr Geheimnis. Als sie nach einigen Jahren ihrem Mann, der ihr im Tod vorausgegangen war, plötzlich und unerwartet nachfolgte, hatte ein unerfülltes Leben sein Ende gefunden.

Immer nur Kälte

Es ist kein reines Vergnügen, bei Sturm, Regen und Schnee mit dem Fahrrad unterwegs zu sein, wenn Finger und Zehen im Winter vor Kälte nicht mehr spürbar sind und jeder Kilometer Fahr zur absoluten Strapaze wird. Mein treues Fahrrad, das mich auf allen meinen Wegen begleitet hatte und mit mir jede, auch die schlimmste Witterung ertragen hatte, brachte mich immer an das Ziel. Wir beide waren ein festes Team. Dieser treue Begleiter gehörte zu mir und zu meinem Beruf wie das Amen in der Kirche. Nun sollte es wegen Altersschwäche in seinen Ruhestand geschoben werden und ich war traurig ob dieser notwendig gewordenen Entscheidung.

An seine Stelle kam ein Kleinwagen, mit dem ich mich zu Anfang gar nicht gut vertragen habe. An das Fahrrad gewöhnt, beschwerte ich mich öfter über die Bockigkeit des neuen Autos. Mein Mann meinte zwar, dies läge nicht am Auto, sondern an dessen Fahrerin, eine Behauptung, die mich ärgerte. Irgendwann kam ich aber dann zu der Erkenntnis, dass bei den oft weiten Wegen und besonders bei schlechtem Wetter ein Dach über dem Kopf auch seine Vorteile hatte.

In großen Flocken fing es zu schneien an, als ich nach Hinterdobel, eine Einöde an der niederbayerischen Landkreisgrenze, gerufen wurde. Auf halbem Weg war die Straße schon zugeschneit und mühsam bahnte ich mir einen Weg zu dem kleinen Gehöft, das noch mehrere Kilometer entfernt in einer tiefen Mulde lag. Es war ein Gewaltakt, den ich meinem Kleinauto zugemutet hatte, weil die Schneemassen immer mehr, immer höher wurden. Das tuckernde, stöhnende, rutschende Vehikel lenkte ich in die Seitenstraße zu dem kleinen bäuerlichen Besitz. Aber nach wenigen Metern war die Fahrt zu Ende. Den steilen Weg nach unten musste ich zu Fuß nehmen, denn mein ohnehin nicht sehr leistungsfähiges Auto würde mit diesen Schneemassen nicht zurechtkommen und die Rückfahrt bergauf würde unmöglich sein. So ging ich zu Fuß, mühsam, steil abwärts durch das Schneetreiben, das nun Wege und Stege unpassierbar machte. Das Kopftuch tief in mein Gesicht gezogen, blinzelte ich ab und zu nach vorn, um nicht vom Weg, der nun ganz zugeschneit war, abzukommen.

Plötzlich sah ich, dass der Platz, an dem einmal das Wohnhaus mit dem dazugehörigen Gebäude stand, leer war. Habe ich mich durch das Schneetreiben verirrt? Bin ich einer falschen Spur nachgegangen? Doch dann sah ich Rauch aufsteigen. War es ein Backofen, ein Schuppen, ein Waschhaus, dessen Umrisse ich zu erkennen glaubte? Hier wohnten also Menschen, und das war tröstlich. Ein struppiger Hund, der an der Kette lag, meldete mein Kommen und der »Hausherr« empfing mich an der Tür dieser Miniwohnung.

»Ein wenig eng ist es halt bei uns, weil wir den Hof abgerissen haben. Er war halt arg baufällig, und die paar Kühe, die im Stall waren, haben wir verkauft«, erklärte mir Michl, der einstige Kleinbauer, den Stand der Dinge. »Mit dem Neubau«, so sprach er weiter, »geht's halt langsam voran, weil wir viel selber machen wollen.«

Die Umrisse des Baubeginns waren nur andeutungsweise zu erkennen, denn der Schnee hatte alles zugedeckt. Trotz dieser äußeren Bescheidenheit trat ich in eine saubere, warme Stube, die dem Besitzer mit Frau und sechs Kindern eine Notunterkunft gab. Der Schlafplatz in der danebenliegenden Kammer war noch dürftiger, den sich die große Familie teilen musste. Alles war auf wenige Quadratmeter Raum beschränkt, jeder Winkel ausgenützt. Es war mir ein Rätsel, wie dies möglich war. Doch die Enge wirkte in diesem Zuhause nicht trostlos, weil die geschickten Hände der Hausfrau es verstanden hatten, eine wohlige Atmosphäre zu schaffen, aus der Not eine Tugend zu machen.

Die werdende Mutter stand am Herd, immer noch beschäftigt, um das Letzte, wie sie sagte, noch erledigen zu können. Immer wieder gab es etwas an Vorbereitungen zu tun. Trotz der massiven Wehen kam diese Frau nicht zur Ruhe, bis ich sie eindringlich bat, sich hinzulegen.

Bald wurde ein gesundes Mädchen ohne Schwierigkeiten geboren, aber die Geburt war noch nicht beendet, denn ein zweites Kind wollte ebenfalls an das Licht dieser Welt. Doch diesem Buben, nun getrennt von seiner Mutter, schien dieses Leben, das er nun eigenständig zu bewältigen hatte, nicht zu gefallen. Das größere, kräftigere Mädchen hatte seinen kleinen Bruder verdrängt, sodass er in seinem Wachstum aus Mangel an Nährstoffen zurückgeblieben war. Er gehörte dringend in ärztliche Hände.

»Wird er sterben?«, fragte die Mutter ängstlich. »Obwohl wir net mit zwei gerechnet haben, aber er soll am Leben bleiben.«

Ein natürlicher Wunsch, den alle Mütter verstehen werden.

Es schneite noch immer und den dunklen Wolken nach würde es noch mehr Schnee geben. Die größeren Kinder kamen nun mit roten Backen wie Schneemänner von der Schule heim. Den Schnee von den Schuhen stampfend, betraten sie nacheinander die Stube, die nun zum Bersten voll war. Es war bedrückend in dieser Enge, aber es sollte noch viel schlimmer kommen.

Ich hörte, wie der größere der Buben bei meinem Anblick den anderen zuflüsterte: »Jetzt ist die schon wieder da, und jedes Mal bringt sie uns ein neues Kind. Wenn die Frau bloß einmal sterben tät.«

Die Kleineren wurden vom Vater angewiesen, zu Tante Fanny zu gehen, die auf der anderen Bachseite ihren kleinen Bauernhof hatte. Den größeren Buben drückte der Vater je eine Schneeschaufel in die Hand, um den Weg bis zur Straße frei zu machen, damit das Neugeborene möglichst schnell in ärztliche Hände käme.

»Warum muss dieses Kind wegbracht werden?«, fragte der jüngere der Buben.

»Weil's sonst sterben muss, wenn's daheim bleibt«, antwortete der Vater.

»Wir haben eh noch eins, weil uns die Frau zwei gebracht hat« – dabei schaute mich der Ältere unfreundlich an. »Gleich zwei hat s' dagelassen«, wiederholte er. Es war nicht schwer zu erraten, was er von dem reichen Kindersegen hielt.

Der Vater aber schwieg zu diesem Problem. Gemeinsam und schnell schaufelten die Buben nun schwitzend und pustend den Schnee zur Seite, sodass eine gut befahrbare Straße entstand.

In der Zwischenzeit bereitete ich das Neugeborene, das keinen guten Eindruck machte, für den Transport vor. Ein Waschkorb, ausgelegt mit Schaffellen und Wärmflaschen, wurde auf die Sitze des Rodelschlittens festgebunden, einem primitiven, aber in diesen Umständen idealen Transportmittel.

Ich kam nun jeden Tag nach Hinterdobel zur Versorgung von Mutter und Kind. Auch heute, am Lichtmesstag, der in bäuerlichen Kreisen als Feiertag galt, war ich hier, und wie erwartet, war die erste Frage: »Wie geht's dem Kleinen? Hast ihn gut zum Doktor gebracht?«

Ja, das hatte ich. Dass es wegen der zugeschneiten Straßen zu einer längeren Fahrt mit gelegentlichen Hindernissen geworden war, das verschwieg ich der ängstlichen Mutter. Aber dass im Allgemeinzustand des Kindes eine leichte Besserung eingetreten war, die hoffen ließ, das konnte ich zur Beruhigung und Freude seiner Mutter sagen. Doch das Problem, das jetzt auf uns zukam, war schwierig und für meine Begriffe hoffnungslos, da zehn Personen einschließlich Kindern jeden Alters zu Besuch vor der Tür standen und der Reihe nach die enge Stube bevölkerten. Dicht gedrängt, aneinander gedrückt, brachten sie der Wöchnerin Geschenke zum Weisert. Das Weisertgehen, das Weisertbringen, der Weiserwecken ist auch heute in bayerischen Gegenden noch üblich. Die Tradition stammt aus lange zurückliegenden Zeiten, als die Wöchnerinnen nur Brot, aus weißem Mehl gebacken, essen durften.

Es war sicher gut gemeint, diesen alten Brauch zu pflegen, aber dieser Besuch wurde zum haltlosen Zustand. Der Familienvater, mit praktischem Sinn veranlagt, löste dieses Problem auf diplomatische Weise.

Seine eigenen Kinder mussten, um einigermaßen Platz für den Besucherandrang zu schaffen, ihre Sitzgelegenheiten verlassen, den Kleineren wurde der Platz unter dem Tisch auf dem so genannten »Vergeltsgottbankerl« – die Verstrebung der vier Tischbeine mit einem schmalen Brett – zugewiesen, die Größeren schwangen sich mit Hilfe eines Stuhles auf den Küchenschrank, zur Belustigung der Besucher, vorwiegend von deren Kindern. Der drückenden Enge, die einen kaum atmen ließ, war somit einigermaßen Abhilfe geschaffen. Ich konnte mich aus meiner Ecke, in die ich erbarmungslos gedrängt worden war, so weit befreien, dass ich mich zur Tür hindurchzwängen konnte, um den Ausgang zu erreichen.

Man muss die Mentalität dieser Menschen verstehen lernen, wenn sie unbeeindruckt von auftretenden Schwierigkeiten die Ruhe bewahrten. Sie hatten gelernt, Hindernisse, die akut auftreten, mit Geduld zu betrachten, weil sich immer eine brauchbare Lösung findet, die die Not zur Tugend macht.

Nach Hinterdobel kam ich mehrere Jahre nicht mehr. Diese Einöde lag in einem weit entfernten Winkel, den man ohne dringenden Anlass nicht aufsuchte. Diese Menschen lebten am liebsten allein ihr bescheidenes Leben; der Rummel draußen ließ sie unbeeindruckt.

Aber an einem Sonntag wurde ich wieder in diesen stillen Winkel gerufen. Frau Amalie hatte mich, wie immer, vorher von der nochmaligen Geburt nicht benachrichtigt. Sie hatte ihre eigene Anschauung von Schwangerschaft und somit auch von der Geburt im Allgemeinen. Sie tat das, was sie für richtig hielt, und für eine Geburt, einen natürlichen Vorgang, dazu brauchte man keinen Arzt, der Ratschläge erteilte oder auf eventuelle Schwierigkeiten aufmerksam machte. »Warum soll ich zum Doktor gehen, wenn ich net krank bin?«, war ihre logische Einstellung. Kleinigkeiten, Unpässlichkeiten, die nimmt man nicht so ernst, die liegen in der Sache der Natur.

Auch die Anmeldung bei der Hebamme sah sie als überflüssig an, weil sich an ihrem eigenen Zustand dadurch nichts änderte. Diese und das Kind kämen eh, wenn es so weit wäre. Wozu sich unnötige Gedanken machen?

Aber dieses Mal kam ich nicht mehr in die Enge der bescheidenen Behausung, um einem Kind zum Leben zu verhelfen; ein neues Haus stand auf den Grundfesten des jahrhundertealten Gebäudes, das einem neuen Bau hatte weichen müssen. Stolz stand es da, schön und modern, aber kalt und fremd. Ich vermisste die vertraute Atmosphäre aus dem kleinen Häuschen von damals, das mehr als bescheiden war, das aber so viel Wärme ausstrahlte. Man hatte sich wohl gefühlt in dieser Stube.

Amalie schenkte in dem neuen Haus einem gesunden Mädchen das Leben. Ein gutes Omen, wie die alte Hauser-Mutter zu berichten wusste. »In ein neues Haus muss einer rein oder es geht einer raus, das hat meine Großmutter schon immer gesagt«, war ihre Meinung. Die Geburt dieses Kindes wäre der Überlieferung nach eine gute Voraussetzung für die Zukunft der Familie dieses Hauses. Es blieb zu hoffen, dass diese Voraussage zutreffen möge.

Mehr Glück als Verstand

Im Eulenwinkel, so wurde mir auf meine Frage erklärt, sind die Wiesen mager, die Felder steinig und außer dem Wald gibt es nur Gebüsch und Gestrüpp. Eine Gegend, wo sich Fuchs und Hase gute Nacht sagen und wo die Welt zu Ende ist.

Ich ließ mich überraschen und erwartete ein Ödland, damals, als ich vor mehreren Jahren das erste Mal den Eulenwinkel betrat. Wie staunte ich über dieses herrliche Stückchen Erde, das seinen Besucher zu sich selbst finden lässt! Hier kann die Seele ausruhen, hier findet man eine Stille, die es sonst nirgendwo gibt. Weitab vom Lärm der Straße und der Hektik des täglichen Lebens erwartet einen hier eine Oase der Ruhe und des Friedens. Wie staunte ich über die Farbenpracht der Wiesen, der sonnigen Hänge, wo noch eine Vielfalt von Blumen blühte zur Freude des Auges. Diese absolute Stille, die nur vom Rauschen des Waldes und dem Gezwitscher der Vögel unterbrochen wird, legt sich wohltuend auf die Seele und auf das Gemüt der Menschen. Nur des Nachts hört man die Eulen aus dem Wald rufen, die hier eine ungestörte Heimat haben.

Hier in diesem stillen Winkel führte der Dionys Aderer mit seiner Frau Kreszenz und seinen Kindern ein bescheidenes, aber zufriedenes Leben. Der Dionys, der eigentlich Dionysius heißt, wie er mir erklärte, hatte diesen etwas eigenwilligen Namen nicht von seiner Mutter, sondern bei seiner Taufe vom Herrn Pfarrer bekommen. Bei unehelichen Kindern bestimmte damals der Pfarrherr als Taufender den Namen des Kindes. Aus der großen Schar der Heiligen wurden solche Namen hervorgeholt, die weniger bekannt waren oder in Vergessenheit geraten sind. Ein uneheliches Kind musste sich mit einem so ungewöhnlichen oder komplizierten Namen zufrieden geben, es hatte ja sowieso keine Wahl. »Mir macht mein Name nix mehr aus, ich hab mich dran gewöhnt und die Kreszenz auch«, meinte der Dionys« auf meine diesbezügliche Frage damals. Die heutige Zeit hat es mit sich gebracht, dass uneheliche Kinder gesellschaftliche Anerkennung gefunden haben und nicht mehr mit unüblichen Namen gekennzeichnet werden.

Ein schmaler Weg führte durch einen lichten Wald zu dem Häusl mit den grünen Fensterläden und dem bemoosten Hausdach, dem Besitz von Dionys und seiner Familie. Das fünfte Kind sollte heute geboren werden. Man hoffte nach vier Buben auf ein Mädchen. Ein verständlicher Wunsch, besonders was die Mutter anging.

Freundliche Menschen in einer geräumigen Stube nahmen mich auf. »Bin ich froh, dass du da bist, es ist ein weiter Weg zu uns und da hat man halt Angst«, hörte ich als Erstes die Kreszentia sprechen. Diese Worte waren für mich nicht neu, ich sollte sie aber im Laufe meines Berufslebens immer wieder hören, wenn die werdende Mutter in Sorge war, in diesen Stunden ohne fachliche Hilfe allein gelassen zu werden.

Unsere Unterhaltung bewegte sich in der Hauptsache um die vier Buben, mit denen es weiter keine

Probleme gebe und denen der Wald ihr zweites Zuhause sei. Für das kommende Kind hoffe sie auf ein Mädchen, und dass es das letzte Kind sei, das hoffte sie ebenfalls. Denn fünf seien genug für sie und das kleine Häusl, meinte sie.

Auf meine Frage, ob sie auch dieses Mal keinen Arzt aufgesucht hätte, der ihre venenkranken Beine behandelt habe, antwortete sie: »Nein, ich brauch keinen Doktor net und auch kein Krankenhaus. Ich bin gesund. Bei meinen vier Buben warst alleweil du allein da. Da hab ich keine Angst, weil du kennst mich besser wie der Doktor.«

Wie schnell sich aber diese Dinge von heute auf morgen ändern können, und Arzt und Krankenhaus lebensrettend sein können das wusste die Kreszenz damals noch nicht. Unser Gespräch war bald beendet, die Kreszentia wollte nicht mehr sprechen, sie wurde ganz still, und da wusste ich, dass es bald so weit war. Es sind immer Minuten der Spannung, die vergessen lassen, wie lange man schon auf die Geburt eines Kindes wartet. Die Frage nach dem Geschlecht des Kindes wird bei noch so großem Wunschdenken in dieser Zeitspanne zweitrangig. Im Vordergrund stehen immer Leben und Gesundheit von Mutter und Kind. Der erste Schrei eines Kindes ist immer ein beglückender Augenblick für die Anwesenden und ein ausgesprochenes oder auch unausgesprochenes ›Gott sei Dank!‹, ein tiefes Ausatmen löst die Spannung, die häufig an den Nerven zerrt.

Das gewünschte Mädchen meldete sich bei Kreszenz und Dionys zu ihrer großen Freude zum Leben. Der Vater gab mit einem tiefen Atemzug seinen Dank zu erkennen, er hätte wohl auch die Schmerzen mitgetragen, die seiner Kreszentia naturgemäß aufgelastet wurden. Er trug seine Angst, seine Sorgen still, ohne sie zu zeigen.

Nun konnte die Kreszenz wieder sprechen und wieder ging es um die Kinder im Allgemeinen und um den Toni im Besonderen. Er hatte Erstkommunion, die für den kommenden Sonntag angesagt war, aber nicht stattfinden konnte, weil sich Probleme in der Kleiderfrage stellten. »Ein jedes Kind möchte an dem Tag schön angezogen sein, das muss man schon verstehn, der Tag ist ja nur einmal im Leben«, meldete Kreszenz ihre Meinung an. Aber da gab es nun einen Haken: Der Schneider, drüben in Eglbach, war mit der Produktion der Anzüge für die Buben, weil jeder der Erstkommunikanten ein neues Gewand brauchte, nicht fertig geworden. Die Kreszenz meinte dazu: »Du musst dir vorstellen, die Erstkommunion steht vor der Tür und die Buben haben kein Gewand.«

Der Dionys redete in seiner ihm eigenen ruhigen Art weiter: »Da hat der Herr Vikar die Sache in d'Hand genommen. Letzten Sonntag nach der Predigt hat er die saudumme Geschicht geregelt.« Der Dionys rieb sich eine Weile seinen Hinterkopf, damit er die Worte des Herrn Vikar möglichst wortgetreu wiedergeben konnte. Man sah ihm die Schwierigkeiten an, die er damit hatte. »›Meine lieben Pfarrkinder‹, hat er gesagt, der Herr Vikar, ›die Erstkommunionfeier am kommenden Sonntag fällt aus, weil der Schneider Girgl mit dem Nähen von den Anzügen für die Buben net fertig geworden ist und ohne neues Gewand gibt's keine Erstkommunion. Also muss diese so quasi verschoben werden und findet am Sonntag drauf, also heut in vierzehn Tagen, statt.‹« Eine lange Rede, die den Dionys geistige Kräfte gekostet hat. Froh und mit sich selbst zufrieden, die schwierige

Ansprache des Herrn Vikar so einigermaßen sinngemäß wiedergegeben zu haben, sann er noch ein wenig über die komplizierte Rede des Geistlichen nach.

Der Schneider Girgl, der Einmannbetrieb, schaffte es mit letzter Kraft gerade noch, dass die verschobene Feier stattfinden konnte. »Gott sei Dank«, sagte später der Herr Vikar, »länger hätten wir eh nimmer warten können.«

Inzwischen kamen die Buben von der Schule nach Hause und betrachteten als Erstes den neuen Zugang, mit dem man vorerst nichts anfangen konnte, und mit einem Dirndl schon gar nicht. Es würde mehr oder weniger isoliert bleiben, denn die Aktivitäten ihrer Brüder würde es nicht schätzen.

Nun sah ich erst den Verband am Kopf des größeren Buben. »Um Gottes willen, was ist dir jetzt wieder passiert?«, hörte ich die Kreszenz fragen.

Auf die Frage, wie er sich diese Verletzung zugezogen hätte, antwortete Toni: »Auf einen spitzen Stein bin ich gefallen, weil ich ausgerutscht bin.«

Ich entfernte den Verband, der diesen Namen nicht verdiente, waren es doch nur zwei Stoffstreifen undefinierbarer Farbe, die ihm die Schernöderin zur Blutstillung angelegt hatte. Eine tiefe Platzwunde kam zum Vorschein, die noch erheblich blutete. Es schien ein Gefäß verletzt zu sein, das unbedingt ärztlich versorgt werden musste.

»Ich nehm den Toni mit zum Arzt, er braucht einen ordentlichen Verband«, erklärte ich den Eltern.

»Muss des sein?«, meinte der Vater. »Die Buben haben schon öfter ein Loch im Kopf gehabt. Das ist noch allerweil von selber zugeheilt. Aber, na ja, wennst meinst, dass das notwendig wär, dann nimmst ihn halt mit.«

Die Kreszenz gab zu bedenken: »Ein solches Pech, jetzt grad vor seiner Erstkommunion hat er ein Loch im Kopf, zum neuen Gewand dazu. Es ist ein Kreuz mit den Buben.«

Trotz der Bedenken des Vaters nahm ich den Toni mit zu einer ärztlichen Versorgung, die für meine Begriffe unumgänglich war.

»Ganz schön tief«, sagte der Arzt, »und du bist ausgerutscht, sagst du?« In seinen Worten lag der Zweifel an Tonis Aussage. »Eine so tiefe Verletzung, mhmm, kaum zu glauben«, fügte er hinzu.

»Nein, Herr Doktor, ich bin net ausgerutscht, ich bin vom Baum runtergefalln, weil ich in das Krähennest schauen wollte, aber net nur der Kopf, auch der Fuß tut mir so weh. Aber, bittschön, net dem Papa sagen, der mag net, dass wir in die Vogelnester schaun.«

Selbstverständlich schwiegen wir den Eltern gegenüber über die wahren Hintergründe dieser Verletzung, damit es zu Hause nicht noch mehr Ärger gab. Tonis Wunde wurde genäht. Die Erstkommunionfeier verlief ohne Schwierigkeiten und die Tage meiner Wochenbesuche waren beendet.

Damals wusste ich noch nicht, dass ich die Kreszenz bald wieder sehen würde, und dies auf eine unvorhergesehene, bedrohliche Weise.

Monate vergingen, es war Herbst geworden, die Tage wurden kürzer und man spürte schon die Kühle, die den nahenden Winter ankündigt. An einem dieser herbstlichen Nachmittage kam ein dringender Ruf nach dem Eulenwinkel. Dem Anruf zufolge schien es sich um eine eilige Sache zu handeln, die keinen Aufschub duldete.

In aller Eile machte ich mich auf den Weg, und während der Fahrt überlegte ich, waren es vier oder fünf Monte, seit ich nach Eulenwinkel geholt worden war? Wer oder was wird mich dort erwarten? Mit sehr ungutem Gefühl fuhr ich in den schmalen Weg zu dem Haus von Dionys Aderer ein. Als ich näher kam, sah ich schon eine beachtliche Blutspur, die zum Haus führte, deren Tür weit offen stand. Nichts rührte sich, alles war totenstill. Nur der Wald rauschte seine ewige Melodie. Ich trat in die Stube, die von der herbstlichen Sonne hell erleuchtet war. Hier lag die Kreszenz am Boden, bewegungslos, kaum ansprechbar, weiß im Gesicht, mit schwachem Puls, der kaum fühlbar war. Wie ich später erfahren habe, wurde die Kreszenz im Wald von einer Fehlgeburt überrascht, die vermutlich ein Sturz ausgelöst hatte. Die Kräuter-Nanni, die in der Nähe Blüten und Kräuter für ihre Tees, Salben und Tinkturen sammelte, war der »Schutzengel«, wie die Kreszenz später meinte, der sie gefunden und Hilfe geholt hatte.

Ich tat, was ich tun konnte, um das Schlimmste zu verhindern und um ihr zu helfen, dass sie wieder zu Bewusstsein und auf die Beine kam. In der Sorge um die Mutter hatte ich das Schreien der kleinen Marianne nicht wahrgenommen. Erst jetzt bemerkte ich ihre Anwesenheit und nun hatte ich mich um zwei Menschen in einer Notlage zu kümmern. Hilfe zu holen in dieser Abgeschiedenheit hätte zu viel Zeit gekostet. Vorsichtig versuchte ich, die Kreszenz in mein Auto zu bringen. Fest auf mich gestützt, halb getragen, gelang es ihr auch, dorthin zu kommen. Das schreiende Kind holte ich ebenfalls, in Kissen und Decken gewickelt, zu mir in den Wagen. Auf einem Zettel hinterließ ich eine kurze Notiz, dass Mutter und Kind im Krankenhaus seien; diese unerfreuliche Nachricht unterzeichnete ich mit meinem Namen. Den Hausschlüssel deponierte ich in dem der Familie bekannten Versteck.

Nun stand der ärztlichen Hilfe nichts mehr im Weg. Ich selbst konnte für die Kreszenz nichts mehr tun. Durch die Erstversorgung war die größte Gefahr vorerst gebannt. Nachdem der hohe Blutverlust ausgeglichen und die ärztliche Hilfe abgeschlossen war, konnten Mutter und Kind wieder nach Eulenwinkel zurückgebracht werden. Auf meine Frage, warum in dieser bedrohlichen Lage nicht der Arzt gerufen wurde, meinte die Kreszenz: »Dich kenn ich, den Doktor kenn ich aber net, weil bei uns nie jemand krank ist. Zu uns kommt die Kräuter-Nanni und gibt uns einen Tee, wenn wir net gesund sind, und wenn ich ein Kind krieg, dann bist du da, und sonst brauchen wir keinen Doktor net.« Eine einfache Erklärung, welche die Lebenseinstellung dieser Menschen erkennen ließ. Doch in diesem Fall hätte die Sorglosigkeit im gesundheitlichen Bereich schlimme Folgen haben können.

Kreszenz Aderer ist mir wegen der Sorge um ihr Leben, das an einem dünnen Faden hing, in ganz besonderer Erinnerung geblieben. Auch den Eulenwinkel, den nur wenige Menschen zu schätzen wissen, habe ich nicht vergessen. Ab und zu besuche ich ihn und erfreue mich an seiner Schönheit.

Immer wieder wird man in diesem Beruf mit dem Tod konfrontiert. Ihn mit allen Mitteln und ganzer Kraft zu bezwingen, um das Leben von Mutter und Kind zu erhalten, ist der schönste Dank, den es geben kann.

Wer zu spät kommt ...

Es war einer jener Frühlingsmorgen, die einen sonnigen Tag versprechen, nachdem sich das raue, kalte Wetter verabschiedet hat. In der Ferne schlug eine Kirchenuhr die fünfte Morgenstunde, als ich in den Weg zum Gehöft des Bacher-Bauern einbog, zu Josefine, die als Bacher-Fini bekannt war. Als sie noch zur Schule ging, wurde sie als eine der Ältesten aus der Schar ihrer Geschwister herausgeholt und auf den Bacherhof geschickt. Nun erwartete sie ein Kind, dessen Geburt den Nachbarn und ihrer Umgebung Anlass zum Staunen gab, war sie doch als besonders zurückgezogen bekannt und nie in männlicher Begleitung gesehen worden.

Laut und geschäftig begann hinter den Hofmauern der neue Tag. Das Rasseln der Kuhketten und das Krähen der Hähne waren mir vertraute, bekannte Töne. Karo, der Hofhund, meldete mein Kommen mit rauer, altersschwacher Stimme. »Du hast dich bestimmt verfahren«, hörte ich die energische Stimme der Bäuerin. »Bei uns gibt's keine Arbeit für dich. Wo möchst denn hin?«

»Ich bin schon am rechten Platz hier«, gab ich zur Antwort, »ihr habt mich doch rufen lassen.«

»Wir?«, fragte sie lang gezogen. »Nein, bestimmt net, wir haben dir net telefoniert, da musst dich schon verhört haben. Ich krieg kein Kind net.«

Als ich ihr den näheren Sachverhalt erklärte, dass

ich nicht zu ihr, der Bäuerin, sondern zur Fini kommen sollte, sah sie mich mit halb offenem Mund entgeistert an. »Zu wem, sagst du …?«

Sie hatte offensichtlich keine Ahnung von Finis Zustand und der Geburt, die unmittelbar bevorstand.

»Das gibt's doch net, nein, nein, da musst du dich wirklich verhört haben. Die Fini ist im Stall bei ihrer Arbeit, da ist mir durchaus nix bekannt.«

Wir schauten uns gegenseitig misstrauisch, fragend an, als die Bacherin, doch etwas von Zweifeln geplagt, ihren Mann herbeirief mit der Frage: »Ist die Fini im Stall?« Und ohne die Antwort abzuwarten, befahl sie ihm: »Sie soll sofort herkommen!«

»Nein«, antwortete der Bacher-Bauer, »die ist net da, ich hab sie heut noch net gesehn.«

»Das gibt's doch net«, murmelte die Bäuerin in Erahnung der unabwendbaren Dinge, die auf sie zukommen würden. »Jetzt tät es mich interessieren, wer bei dir angerufen hat«, wandte sie sich an mich.

»Das kann ich dir nicht sagen, Bacherin«, antwortete ich, »weil der Anrufer keinen Namen genannt hat. Dass ich aber auf den Bacherhof zur Fini kommen soll, das weiß ich mit absoluter Sicherheit.«

Der Bacherin war das nicht gut genug. Sie wollte unbedingt den Namen des Anrufers erfahren. Aber auch ihre späteren Bemühungen blieben erfolglos. Der mysteriöse Anrufer wurde nie gefunden.

Die Bacherin nahm sich nun vor, oben in der Dienstbotenkammer der Sache auf den Grund zu gehen. Bald hörte ich sie die Treppe wieder herunterkommen, um mir mit hochrotem Gesicht die ungeheuerlichen Vorkommnisse zu bestätigen. Den Bacher-Bauern, der wieder seiner Arbeit nachging, rief sie noch einmal herbei: »Hast du von der Fini ihrem Zustand gewusst?«

»Woher soll ich das wissen, das ist doch deine Sach, net die meine«, gab er ihr zur Antwort.

»Warum«, bohrte sie weiter, »sagst du mir net, dass die Fini heut früh net bei der Arbeit war?« Und ohne eine Antwort abzuwarten, fügte sie noch hinzu: »Eine solche Blamage, was werden die Leut wieder sagen!«

Völlig erschöpft folgte sie mir ins Haus, um mir den Weg zu Finis Kammer zu weisen. Bevor sie sich abwendete, rief sie mir noch zu: »Aber da herin kann die Fini net bleiben. Nimm sie mit ins Krankenhaus oder zu dir mit heim, auf keinen Fall wird sie auf dem Hof ihr Kind bekommen.«

Das war eine klare Feststellung, die keinen Widerspruch duldete. Dieses Kind aber hatte es so eilig, dass es für mich keine andere Möglichkeit gab, als ihm in Finis Dienstbotenkammer auf die Welt zu helfen. Eine verstörte Bacher-Bäuerin sah ich in der Küche auf der Ofenbank sitzen, mit Gedanken beschäftigt, die sie, wie zu sehen war, erheblich belasteten. Bei meinem Eintritt muss sie geahnt haben, dass dieses fremde Kind sich ihren Anordnungen nicht gefügt hatte, da sie noch einmal betonte: »Der Bankert muss aus dem Haus mitsamt der Fini, dem liederlichen Weiberleut. Heut noch müssen s' fort, die zwei.«

Über so viel Zorn und Bitterkeit war ich entsetzt. Fini und vor allem ihr Kind hatten bei so viel Härte und Bestimmtheit keine Gnade zu erwarten. Aber dann sprach die Bacher-Bäuerin weiter: »Wer ist denn der Vater von diesem Bankert, dir hat sie das doch bestimmt gesagt! Ein Hergelaufener, nehm ich an, oder einer, dem sie ohne mein Wissen die Kammer aufgemacht hat.«

»Das weiß ich nicht, Bacherin«, antwortete ich, »und für den Augenblick ist das auch nicht wichtig. Nur muss ich dir sagen, für die ersten Tage muss die Fini hier bleiben. Auch wenn du dagegen bist. Ich verstehe deine Gründe nicht, die du für deine unmenschliche Entscheidung hast. Eine Mutter mit ihrem Neugeborenen aus dem Haus jagen, nein, das traue ich dir nicht zu. Ich meine, in dieser Sache müsste auch dein Mann gefragt werden, oder hast du allein das Sagen?«

Nach kurzem Schweigen antwortete sie: »Ach, der ...«

Diese kurzen Worte waren aussagekräftig und ich machte mir meine Gedanken darüber. Eine verzwickte Lage.

Die Befragung des Bauern verlief, wie vorauszusehen war, ohne Erfolg. Er hatte in dieser Angelegenheit keine Meinung. Nur seine unruhigen Augen gingen von einem zum andern, betont lässig maß er dieser Sache keine Bedeutung zu. Er hatte es eilig, zu seiner Arbeit zurückzukehren.

Nach längerem Gerangel konnte ich durchsetzen, dass Fini die ersten Tage nach der Geburt auf dem Hof bleiben durfte, und dann würde sich ein Lösung für den weiteren Aufenthalt von Mutter und Kind finden.

Doch die Aufgabe, eine Unterkunft für die beiden zu finden, sollte schwieriger werden als gedacht. Es wurde mir wieder einmal bewusst, wie schwer es damals uneheliche Mütter mit ihren Kindern hatten, wenn es niemanden gab, der sie helfend unterstützte, eine, wenn auch bescheidene, Heimat zu finden, einen Unterschlupf, eine Bleibe, an die man keine Ansprüche stellte. Wie oft sah ich die Verzweiflung in den Augen einer unehelichen Mutter, wenn sie vom Partner in einer der schwierigsten Lagen ihres Lebens allein gelassen wurde, wie in diesem Fall.

Eine Woche ging dem Ende entgegen. Die Zeit drängte, aber auch die Meldung auf dem Standesamt stand an, und hier ergaben sich Schwierigkeiten, weil Fini sich nicht entschließen konnte, den Vater ihres Kindes zu nennen. Nur noch zwei Tage, dann musste die Eintragung in das Standesamtregister erfolgen. Mit Fini hatte ich nun eine längere Aussprache, um bezüglich der Vaterschaft zu einer Entscheidung zu kommen.

Dann endlich war sie dazu bereit und wollte mit mir darüber sprechen. »Ich kann seinen Namen nicht nennen, weil ich ihn nicht weiß«, sagte sie mit trauriger Stimme. »Er ist nie mehr gekommen. Er war nur ein einziges Mal bei mir, mehr weiß ich net. Mehr kann ich net sagen.«

Dann schwiegen wir beide. Ich wusste, dass dies nicht die Wahrheit war. Darum gab ich ihr zur Antwort: »Warum schonst du diesen Mann? Er hat dich auch im Stich gelassen. Dein Schicksal ist ihm gleichgültig, wie du ja siehst.«

Fini sah mich mit großen, unsicheren Augen an, sie schien über ihre Lage, in die sie, wie sie angab, dieser unbekannte Mann gebracht hat, nachzudenken.

Ich ermutigte sie zur Wahrheit, indem ich ihr weiter erklärte: »Möchtest du, dass es im Standesamtregister heißt: ›Vater unbekannt‹? Das kannst du deinem Kind nicht antun. Es wird sein ganzes Leben darunter leiden, dass es keinen Vater für ihn gibt. Gewiss, es kann dich niemand zwingen, seinen Namen zu nennen. Das ist allein deine Entscheidung. Du musst aber auch an die Konsequenzen denken, die durch dein Schweigen entstehen.«

Fini weinte, sie rang mit sich um den so wichtigen, weit reichenden Entschluss, der keinen Aufschub mehr duldete und den ihr niemand abnehmen konnte.

Inzwischen versorgte ich den kleinen Stefan, um ihr noch einmal ein wenig Zeit zu geben zu ihrer notwendig gewordenen Aussage. Man sah es Fini, dieser gepeinigten jungen Mutter, an, dass sie den Vater ihres Kindes sehr wohl kannte. Aber seinen Namen offiziell zu nennen, das war eine andere Sache, die einen folgenschweren Schritt bedeutete.

Plötzlich sagte sie in die Stille des Raumes: »Der Bacher-Bauer ist der Vater von meinem Kind.«

Ich schwieg zu dieser Erklärung.

»Und du sagst nix?«, fragte die Fini weiter.

»Nein«, antwortete ich, »das wusste ich längst, denn er hat deinem Kind eine kleine Eigenheit als Erbanlage mitgegeben, die mir aufgefallen ist.«

»Du hast das die ganze Zeit gewusst?«, fragte Fini etwas verwundert.

Nach dieser Aussage schien die Mutter wie befreit. Nun konnte die standesamtliche Meldung erfolgen, die Josef Brucker, Bacher-Bauer in Reit, als Vater des Kindes Stefan Solinger auswies. Fini musste ihre Kammer samt Kind und Habseligkeiten räumen. Ein Kapitel ihres armseligen Lebens war beendet. Die jahrelange Schwerarbeit als Dienstmagd auf dem Bacherhof endete gnadenlos, unbarmherzig.

Die Suche nach einer neuen Unterkunft wurde letztendlich nur ein Teilerfolg. Bei ihrem Bruder wurde sie nur bedingt aufgenommen. Trotz der anfänglichen Gegenwehr ihrer Schwägerin, die auf keinen Fall den kleinen Stefan haben wollte, erklärte sie mir:

»Die Fini kann, bis sie wieder Arbeit hat, hierbleiben, aber das Kind kommt mir net ins Haus, denn sobald des da herin ist, bring ich's nimmer los, und ich hab selber drei.«

Mit dieser halbherzigen Lösung musste ich mich zufrieden geben und nahm den kleinen Stefan mit zu mir nach Hause, bis sich eine andere brauchbare Lösung gefunden hatte.

Diesem Kind waren wir alle sehr zugetan. In meiner Abwesenheit versorgte es meine Mutter, die Stefan als ihr Enkelkind betrachtete. Auch mein Mann sorgte sich um das Wohlbefinden dieses elternlosen Kindes, das für uns wie ein Familienmitglied war. Nur unsere Tochter, die damals schon zur Schule ging, distanzierte sich von diesem Eindringling, diesem Fremdkörper, der nicht hierher gehörte und der ihr Konkurrenz machte.

Dann kam der Tag, an dem wir uns von Stefan trennen mussten. Es war ein schwarzer Tag für uns alle, als Stefan aus dem Haus geholt wurde und ein kinderloses Ehepaar seine Pflege übernahm, um ihn später, wie sie hofften, adoptieren zu können.

Mehrere Jahre vergingen. Fini stand wieder vor einer schweren Entscheidung. Stefans Pflegeeltern drängten zu einer Adoption. Sie wollten dieses Kind ganz und für immer für sich haben. Niemand sollte es ihnen wegnehmen können. Ein schwerer, schmerzlicher Schritt für diese Mutter, als sie die Adoptionserklärung unterschrieb. Sie war aber notwendig geworden, um diesem ersehnten Kind ein Zuhause zu geben.

Wiederum vergingen Jahre, in denen das Schicksal eigene Wege gegangen ist. Daran dachte ich, als ich wieder einmal in den Feldweg zum Bacherhof einbog. Schon zweimal hatte die Bäuerin ihr Kind verloren, das sie so sehr ersehnt hatte. Nun hoffte man dieses Mal auf ein gesundes Kind auf diesem Hof, das einmal das schöne Erbe übernehmen könnte. Aber auch dieses Mal gab es kein Kinderglück auf dem Bacherhof. Zum Entsetzen seiner Mutter wollte dieses schwächliche, zu früh geborene Kind nicht weiterleben. Schon nach wenigen Atemzügen starb auch es. Schreiend und weinend wehrte sich diese Mutter gegen ihr Schicksal; sie war nicht bereit, es anzunehmen. »Warum, warum«, schrie und klagte sie, »hat die Fini ein gesundes Kind zur Welt gebracht, einen Buben, den niemand mag, weil er net rechtmäßig ist ... Mir steht ein Kind zu, net der Fini, die sich den Buben erschlichen hat. Jawohl, erschlichen hat sie sich das Kind.«

Stumm, mit gesenktem Kopf hörte der Bacher-Bauer die Anklagen seiner Frau tief erschüttert mit an; seine Gedanken gehörten nur ihm. Ganz langsam stand er auf, fuhr seiner Frau ein paar Mal durch ihr zerwühltes Haar, eine Geste der Zuneigung, die sie sicher schon lange nicht mehr bekommen hatte. Dieser Mann muss sehr unter dem Trauma gelitten haben, als er das tote Kind betrachtete, es in seinen Arm nahm und zu weinen begann. Ich war erschüttert über die Tragödie, die mit Urgewalt über die Menschen dieses Hauses hereingebrochen war. Für das Warum gab es keine Antwort.

Immer mehr erinnerte sich die Bacher-Bäuerin an Finis kleinen Stefan, den sie nun an Kindes Statt annehmen wollte, trotz der widrigen Umstände, die in der Vaterschaft ihres Ehemannes lagen. Sie wollte über ihren eigenen Schatten springen, den Ehebruch ihres Mannes hinnehmen, das Geschehene vergessen und Stefan als ihr eigenes Kind betrachten. Sie wollte alles tun, widerspruchslos, um ein Kind zu haben.

Als ich auf dem Bacher-Hof vorbeikam, bat sie mich ins Haus, um mit mir zu sprechen: »Kannst du uns net helfen, dass das Kind von der Fini auf unseren Hof kommt, damit ich wieder weiß, für wen ich arbeite?« Als ich schwieg, sprach sie weiter: »Ich weiß auch, dass ich damals vieles falsch gemacht hab.«

Für eine Weile war es still zwischen uns. Trotz aller Vorkommnisse tat mir diese Mutter Leid. Sie hat drei Kinder verloren und niemand kannte den Grund dieser Tragödie.

Dann antwortete ich: »Das Vergangene soll man ruhen lassen, Bacherin. Aber Stefan hat eine Heimat gefunden, die er so dringend gebraucht hat. Für dich und für ihn ist es zu spät.«

Das Schicksal bestimmte, dass der Bacherhof kinderlos blieb; nur Trauer und die Sehnsucht blieben dieser Mutter.

Wer kann hier Recht sprechen?

Die folgende Geschichte ist eine menschliche Tragödie, wie sie sich selten ereignet. Eine Dreiecksbeziehung führt zum Tod von fünf Menschen. Durch meinen Beruf habe ich diese Begebenheit hautnah erlebt, sie gehört zu meinem Leben, sie ist ein Teil davon. Ich habe lange überlegt, ob es richtig ist, sie niederzuschreiben, sie in meine Erinnerungen aufzunehmen. Mein Entschluss, dies zu tun, möge dazu beitragen, darüber nachzudenken, dass jede Tat, die in Wut, Verzweiflung oder aus ohnmächtigen Gefühlen geschieht, Folgen haben kann, die nicht mehr rückgängig zu machen sind.

Ich werde das junge Paar, die Hauptpersonen dieser Geschichte, Martin und Annemarie nennen. Zwei sympathische junge Menschen, die eine, so wie es den Anschein hatte, recht gute Ehe führten. Vier gesunde Kinder wuchsen in einem guten Elternhaus auf, nichts und niemand störte diesen Frieden, so glaubte man zu wissen, denn nach außen hin demonstrierte diese Familie Einigkeit und Zusammenhalt.

Ich wusste es anders. Am Kreißbett erfuhr ich von Annemarie, wie zerrüttet diese Beziehung war. Die junge Frau hatte bereits eine zerbrochene Ehe hinter sich, als sie Martin geheiratet hatte, und nun erhoffte sie sich ein besseres Leben mit diesem neuen Mann. Annemaries Aussage zufolge hielt auch diese Beziehung nicht, was sie zu Anfang versprochen hatte.

Martin entsprach nach mehrjähriger Ehe nicht mehr ihrer Vorstellung vom Traummann. Ein stiller, in sich gekehrter Mann war nicht nach ihrem Geschmack. »Was soll ich mit einem ständig müden Ehemann, der zu keiner Tanzveranstaltung gehen will, mir meinen Kaffeeklatsch missgönnt, zu dem ich meine Freundinnen einlade«, beklagte sich Annemarie bei mir. »Ich will mehr als einen Mann, der kocht, der Kinder versorgt und ständig mit Überstunden beschäftigt ist.«

Eine Aussage, die mich aufhorchen ließ.

In den Tagen des Wochenbettes erlebte ich das komplizierte Zusammenleben von Martin und Annemarie, der beiden jungen Menschen, die in verschiedenen Welten lebten. Ich erlebte aber auch einen fürsorglichen Ehemann, einen liebevollen Vater, der kochte, Windeln wusch und den Haushalt perfekt in Ordnung hielt. Eine unzufriedene Ehefrau hatte er meiner Meinung nach nicht verdient. Ich spürte förmlich das Knistern im Raum, wenn diese beiden Menschen aneinander vorbeigingen und Annemarie mit ihrem immer wieder wiederholten »Das nervt mich« die Atmosphäre verpestete. Martin nahm das Genörgel seiner Frau geduldig hin, zu geduldig, wie ich meinte, als dass es dem Frieden gedient hätte.

Meine zehnmaligen Wochenbesuche waren nun beendet. Bevor ich mich verabschiedete, bot ich Annemarie meine weitere Hilfe an für den Fall, dass es Schwierigkeiten, vor allem mit der kleinen Melanie, gäbe. Die Wochenbesuche waren für mich immer eine Freude, wenn ich beobachten konnte, wie sich das Neugeborene inzwischen entwickelt hatte und die Mutter wieder ihren Pflichten nachkommen konnte. Aber die Familie von Martin und Annemarie habe ich mit einem unguten Gefühl verlassen. Hier half kein Rat, kein gutes Wort, denn die Seiten waren so verhärtet, dass man keinen Zugang zum Inneren dieser Menschen finden konnte.

Wochen vergingen, und wie es schien, hatten sich Martin und Annemarie arrangiert. Man hörte nichts Nachteiliges von ihnen. Dann aber kam der Mann, der in Annemaries Leben Unruhe brachte, der unbewusst die Katastrophe ausgelöst hat, Franz, ein Naturbursche, der den Streit nicht unbedingt suchte, ihm aber auch nicht aus dem Weg ging. Es war nicht ratsam, ihn herauszufordern. Ein Mann, der wusste was er wollte, und der, wie die Leute sagen, »nichts anbrennen ließ«. Franz war der Mann, den Annemarie ersehnte und der ihre geheimen Wünsche erfüllen konnte.

Ein Jahr ging dem Ende entgegen, als mich Annemarie zu ihrer kranken Melanie holen ließ. Ein fieberndes Kind lag in seinem Bettchen, eine schwere Erkältung, die bedrohliche Formen angenommen hatte. Melanie gehörte in ärztliche Hände. Mutter Annemarie sah besorgt auf ihr Kind, das schwer atmete und leise weinte. Ich veranlasste die ärztliche Versorgung des Kindes; mehr konnte ich nicht tun.

Franz B. hielt sich ebenfalls in der Stube auf. Er und Martin, diese zwei Männer, die um Annemarie in stummem Streit lagen und von denen keiner den Weg zu ihr freigeben wollte. Es war nicht schwer zu erraten, wer sich hier durchsetzen würde. Mir fehlte die Luft zum Atmen, als ich diese Situation überdachte. Wieder glaubte ich, dieses Knistern zu vernehmen, das mich in dieser Wohnung schon einmal irritiert hatte.

Die kleine Melanie kam nach einem mehrwöchigen Krankenhausaufenthalt gesund nach Hause zurück. Ein hübsches, frohes Kind, das nun die ersten wackeligen Schritte in dieser Welt unternahm. Martin nahm sich dieses Mädchen mit besonderer Umsicht an. Melanie liebte er, wie zu sehen war, ganz besonders.

Wieder verging ein Jahr. An dieser Dreiecksbeziehung hatte sich nichts geändert. Annemarie schien dieser Zustand keine großen Sorgen zu machen. Wenn wir uns gelegentlich begegnet sind, dann sprach sie auch die familiären Verhältnisse an und meinte dazu: »Franz ist der Mann, den ich brauche, stark und vital. Ich spüre fast körperlich seinen Schutz. Martin aber ist der Vater meiner Kinder, die ihn mehr brauchen als ich.« Annemarie wollte keinen Rat hören und dennoch brauchte sie ihn. Sie war sich dieser unwürdigen Lage bewusst, und trotzdem wollte sie keine Änderung. Ich erinnerte sie an ihre Kinder, die ein intaktes Elternhaus bräuchten, und schon aus diesem Grund müsse sie sich entscheiden, um wieder Ordnung in ihr Inneres und ihre Familie zu bringen. Nachdenklich setzte sie ihren Weg fort, und mir war nicht wohl bei dem Gedanken, wie sie diese, nun schon eingefahrene, Situation noch ändern könnte.

Indessen wurde Martin immer stiller, nachdenklicher, an manchen Tagen schwieg er ganz. Es war abzusehen, dass es zu einer Katastrophe kommen würde.

Es war Winter geworden mit Schnee und Kälte und winterlichen Vergnügen. Von weitem sah ich, wie Annemaries Kinder, die kleine Melanie auf dem Rodelschlitten, den Abhang herunterfuhren. Voll Lebensfreude jauchzte das kleine Mädchen bei dieser winterlichen Fahrt. Niemand konnte zu diesem Zeitpunkt ahnen, welche Tragödie sich um diese Kinder anbahnte.

Weihnachten war nicht mehr weit. Geschäftig eilten die Menschen durch die Straßen, um alle Vorbereitungen zu diesem Fest noch rechtzeitig zu erledigen. Auch Annemarie hatte es eilig, wie ich sehen konnte. Schwer bepackt kam sie mir entgegen und erzählte mir, dass sie nun die letzten Geschenke für die Kinder eingekauft hätte. Notwendige Dinge waren es, die man auch sonst anschaffen müsste, dann eine Puppe für Melanie und noch ein paar Kleinigkeiten. »Solche Tage sind immer ein wenig aufregend, weil man keinen vergessen darf an Heiligabend«, erzählte mir Annemarie, die mir müde und ein wenig abgekämpft erschien.

Wie üblich war auch ich an den Tagen vor Weihnachten unterwegs, Menschen zum Leben zu verhelfen oder Mutter und Kind zu versorgen. Draußen im freien Land gab es keine Hektik. Hier war alles ruhig, friedlich, ein feierliche Stille lag über den in eine weiße Schneedecke eingehüllten Fluren und Feldern.

Niemand störte diesen ländlichen Frieden. Mein Ziel war eine Einöde hinten in Moosöd, die tief eingeschneit in einer kleinen Mulde lag. In der weißen Fläche fiel mir am Waldrand ein roter Tupfen auf. Beim Näherkommen sah ich, dass es ein Auto war, das am Waldrand geparkt hatte. Die Spur auf der Einfahrt war noch deutlich zu erkennen. Vielleicht der Förster, ein Jäger oder der Waldbesitzer, die nach dem Rechten sehen wollten.

Ich machte mir darüber weiter keine Gedanken und setzte meinen Weg nach Moosöd fort. Auf dem Rückweg nach gut eineinhalb Stunden war dieser rote Punkt immer noch an der gleichen Stelle. Seltsam, dachte ich, wie kann man im tiefen Schnee ein Auto abstellen auf einem Weg, der nur in den Wald führt und dort endet, sich dort verliert.

Tagsüber hatte ich diese Begebenheit vergessen. Annemarie und Martin und Franz als Fremdkörper in dieser Familie gingen mir immer wieder im Kopf herum, besonders jetzt in der Weihnachtszeit, die in besonderem Maße der Familie gehören sollte.

Am folgenden Tag war ich wieder auf dem Weg nach Moosöd. Auch heute hob sich der rote Punkt von der weißen Landschaft ab. Er war immer noch an der gleichen Stelle. Auch bis zu meiner Rückfahrt hatte sich nichts daran geändert.

Plötzlich überkam mich eine sonderbare Ahnung, als ob das Auto, das da im Schnee stand, eine besondere Bedeutung hätte. Ich änderte meine Fahrtrichtung, um im nächstgelegenen Gehöft vielleicht eine Antwort auf meine inzwischen brennende Frage zu bekommen.

Es war bereits später Vormittag und die Ecker-Bäuerin war gerade dabei, Knödel in das kochende Wasser einzulegen. Ihr Lachen und ihr freundlicher Gruß gaben mir zu verstehen, dass es keine besonderen Ereignisse beziehungsweise traurige Ereignisse im Umkreis gab. Auf meine Frage, ob jemand das einsame Auto am Waldrand beobachtet habe, das nun schon ungewöhnlich lang an derselben Stelle stehe, antwortete die Bäuerin: »Da schau, der Hebamme ist des auch aufgefallen. Wir haben erst gestern Abend davon gesprochen und mein Mann hat gesagt, dass er heut Mittag nachschaut, wem das Auto gehört. Es muss ja schon total eingeschneit sein. Na ja, mit dem Traktor könnt er es schon rausschleppen. Dann sehen wir schon, was damit los ist.« Von dem eigentlichen Thema abgekommen, sagte die Eckerin in ihrer ihr eigenen liebenswerten Art: »Wenn du noch ein wenig wartest, dann kannst mit uns Mittag essen. Die Knödel sind gleich fertig.« Ich bedankte mich für die Einladung, zog es aber vor, heimzukommen.

Dunkle Wolken kamen von Westen heran und bald schneite es unaufhörlich. Der Ecker-Bauer konnte bei diesem Wetter sein Vorhaben nicht wahrmachen und so blieb das einsame Auto noch einmal eine Nacht am Waldrand stehen. Am nächsten Vormittag fuhr ich wieder nach Moosöd zu meiner Arbeit. Der rote Punkt war im Schnee versunken. Nur ein wenig rote Farbe leuchtete an einigen Stellen noch unter dem Weiß hervor und ließ erkennen, dass das Auto immer noch an der gleichen Stelle stand. Aber heute war Leben um dieses mysteriöse Fahrzeug. Mehrere Menschen standen gestikulierend dort und, so weit ich sehen konnten, bemühte man sich mit erheblichem Eifer um etwas, das ich nicht erkennen konnte.

Etwas später erfuhr ich vom Ecker-Bauer die grausige Wahrheit. Das Rätsel um das rote Auto am Waldrand war gelöst. Martin, der liebevolle Familienvater, hatte sich und seine vier Kinder mit Autoabgasen vergiftet. Fünf Tote hatten sich nicht weit von der Straße entfernt tagelang in dem roten Volkswagen befunden. Nach dem Vater barg man die Kinder, eines nach dem anderen: Robert, den Zwölfjährigen, der aus Annemaries erster Ehe stammte, den achtjährigen Stephan, den sechsjährigen Michael und die kleine, zweijährige Melanie, den Sonnenschein der Familie, die der Vater ganz besonders geliebt hatte.

Es blieb ein Rätsel, warum Annemarie ihren Mann und die Kinder nicht als vermisst gemeldet hatte. Sie beantwortete keine Fragen; sie war dazu nicht im Stand. Ich fand es richtig, sie in diesen Stunden nicht allein zu lassen, und so besuchte ich sie, um ihr zu zeigen, dass trotz allem, was geschehen war, es Menschen gibt, die ihr beistehen möchten. Sie nahm kaum Notiz von mir, sie hielt nur meine Hand. Wortlos, tränenlos, stumm sah sie auf die Weihnachtsgeschenke für ihre Kinder, die liebevoll verpackt auf diese warteten und nun nicht mehr gebraucht wurden. Dieser ungeheure Schicksalsschlag hatte die lebensfrohe Annemarie in die Knie gezwungen. Ihr verzweifeltes Schreien war weit zu hören. Es war der Ausdruck ihrer Fassungslosigkeit, ihrer Ohnmacht. Dieses Unglück war mehr, als ein Mensch ertragen konnte. Sie brauchte ärztliche Hilfe, um nicht ganz zu Grunde zu gehen.

Ihr den einzigen Wunsch zu erfüllen, am Begräbnis ihrer Kinder teilzunehmen, hielt ich für unangebracht, weil dies ihr gesundheitlicher Zustand nicht verkraftet hätte. Außerdem standen die Diffamierung und das Gerede der Leute, die ins Uferlose gehen könnten, dagegen. Als auch der Herr Pfarrer dieser Meinung war, blieb Annemarie der Beerdigung ihrer Kinder und ihres Ehemannes fern.

Diese junge Frau, von der in ihrer Ehe alles Unangenehme, alle Belastungen fern gehalten worden waren, zerbrach am Tod ihrer Familie. Sie war nicht stark genug, dieses furchtbare Schicksal tragen zu können, und ihre Schuldgefühle kamen erschwerend dazu. So wurden immer wieder Aufenthalte in der

Psychiatrie notwendig, um sie in ihren depressiven Phasen aufzufangen. Dass sich Annemarie, die nun von ihren Mitmenschen gemieden wurde, in ihrer äußeren und besonders ihrer inneren Einsamkeit an Franz, ihren Liebhaber, klammerte, ist allzu verständlich. Nicht verständlich war dies für die Menschen in dem kleinen Ort, die Annemarie als die Sünderin und die eigentliche Verursacherin dieser Tragödie sahen, sie, die dieses Unglück ausgelöst habe, und die nun zu Recht bestraft werde, weil sie durch ihren leichtfertigen Lebenswandel ihre vier Kinder und den Ehemann auf dem Gewissen habe. »Recht ist ihr gschehn«, hieß es dann abschließend. Es wurde ein Spießrutenlaufen für Annemarie und Franz.

Auch nach ihrer Heirat provozierte man sie, wie mir Annemarie sagte. Sie zogen die Konsequenzen und verließen den Ort, in dem sie nicht zur Ruhe kommen konnten. Vielleicht ist es ihnen möglich geworden, unter anderen Bedingungen in einer neuen Heimat ein wenig Abstand von den tragischen Ereignissen zu gewinnen.

Zur Zeit dieser schlimmen Ereignisse hatte mein Telefon Hochkonjunktur. Journalisten und Zeitungsreporter meldeten sich bei mir, um Näheres, besonders über Annemarie, die moralisch Verantwortliche, zu erfahren. Doch die Begegnungen mit ihr und ihrer Familie gehörten mir, niemandem sonst.

Annemarie und Franz sind schuldig geworden. Martin hat die jahrelangen Ehezerwürfnisse auf eine furchtbare, für jeden unverständliche Art gelöst. Er hat vier schuldlose Kinder mit in seinen sinnlosen Tod genommen. Aber trotz allem, was geschehen ist durch Schuld und menschliches Fehlverhalten, stellt sich die Frage: Wer kann hier Recht sprechen?

Diese Tragödie hat sich vor etwa dreißig Jahren ereignet. Viele Menschen von damals leben nicht mehr, andere haben über ihren Alltagssorgen das Drama, das in die Geschichte des Ortes eingegangen ist, vergessen. Alle, die noch am Leben sind und diese unglückselige Begebenheit mitverfolgt haben, möchte ich bitten, mir nachzusehen, dass ich sie noch einmal, nach so vielen Jahren, in Erinnerung gebracht habe: die Tragödie um Annemarie und Martin und deren Kinder.

Lügen haben kurze Beine

Es war mir immer eine besondere Freude, den Kindern auf ihrem Schulweg nachzusehen, wie sie, besonders die Kleineren, mit Schultaschen bepackt dahintrotteten, ein wenig missmutig, noch nicht ganz ausgeschlafen, um das Unvermeidliche zu tun, dem man nicht entgehen kann. Fast alle waren sie »meine Kinder«, denen ich ins Leben geholfen habe, solche, die liebevoll angenommen wurden, andere, die man als Last empfunden hatte, oder die beiden Zwillinge, deren Mutter, als sie noch klein waren, verstorben war und die nun von einem Pflegeplatz zum anderen gebracht wurden. Mit unterschiedlichen Schicksalen gingen sie alle in die gleiche Schule, nicht wissend, wie ihr Lebensweg verlaufen würde.

Auch diesem Kind, von dem ich nun berichte, sah ich auf seinem Schulweg nach und wurde stets daran erinnert, dass es vaterlos aufwachsen muss, weil sich dieser nicht ausfindig machen ließ. Als »lediger Bankert« musste es einen beschwerlichen Lebensweg gehen.

Ein Apriltag, der seinen Namen verdiente. Mit Regen-, Schnee- und Graupelschauern machte er den Menschen das Leben schwer, besonders denen, die gezwungen waren, sich im Freien aufzuhalten. Ich wollte gerade das Haus verlassen, als eine Radfahrerin winkend und rufend auf sich aufmerksam machte. Bei diesem Wetter auf dem Fahrrad, ohne entsprechende Kleidung, das war eine Zumutung. Da mussten schon wichtige Dinge vorliegen, um sich so ungeschützt diesem Wetter auszusetzen.

Beim Näherkommen erkannte ich Frau Harrer, die gegen den Schneesturm ankämpfend kräftig in die Pedale trat, um vorwärts zu kommen. Nass von oben bis unten berichtete sie mir stockend und außer Atem: »Komm schnell zu uns, die Christine ... Und wir haben nix davon gewusst.«

Ein wenig erstaunt wartete ich auf eine erneute Erklärung der Harrerin.

»Sie kriegt jetzt ein Kind, und niemand hat davon eine Ahnung gehabt. Die ganze Sache hat s' vertuschen können, sodass wir alle nix bemerkt haben. Jetzt tät's halt pressieren«, berichtete sie mir unter Atemnot. Ganz erschöpft war sie nach dieser Aussage, die Harrerin, nicht nur, was die körperliche Anstrengung anging, die schwierige Fahrt durch Wind und Wetter. An diesem Tag war es vielmehr die seelische Belastung, die ihr sehr zu schaffen machte.

Christines Kind hatte es noch eiliger als seine Großmutter, die ihre letzten Kräfte mobilisierte, um Hilfe zu holen. Die junge, sechzehnjährige Mutter sah mir stumm entgegen, als ich die Stube betrat. Mit ihrem vor Kälte zitternden Kind wartete sie auf Hilfe und vielleicht auf ein paar gute Worte nach den bösen Vorwürfen der Familie. Ihre erstaunten Augen sprachen von dem Unverständnis, das ihr in ihrer misslichen Lage begegnete. Ihr monatelanges Schweigen hatte daran nichts gebessert, es verstärkte vielmehr die Bestürzung ihrer Angehörigen. Nun war es da, dieses verschwiegene unerwünschte Kind, welches sich unter so ungewöhnlichen Umständen in die Familie eingeschlichen hatte, ungefragt, als Belastung, und daher höchst unbeliebt. »Wieder ein lediger Bankert mehr auf dieser Welt«, resümierte die Großmutter, »und ein Siebenmonatskind auch noch, wie die Christine sagt.«

Auf den ersten Blick aber sah ich, dass dieser Bub keine Frühgeburt, sondern ein gut ausgetragenes, mit allen Reifezeichen versehenes Kind war. Wie kam diese junge Mutter dazu, diese unwahren Angaben zu machen? Gab es Gründe, vielleicht gar in Bezug auf die Vaterschaft?, überlegte ich.

Sehr bald war man der Wahrheit auf die Spur gekommen. Unschöne Tatsachen kamen an das Tageslicht, welche die Gerichte beschäftigen würden.

Meine Meinung von Christines Schuldlosigkeit musste ich revidieren. Dieses Mal bin ich von den großen, unschuldigen Augen und dem kindlichen Verhalten der Sechzehnjährigen in die Irre geführt worden. Meine so genannte Menschenkenntnis, die ich für mich beanspruchte, hat mich in diesem Fall im Stich gelassen. Ich bin einer Täuschung erlegen, weil ich einer jungen sechzehnjährigen Mutter ohne Vorbehalte geglaubt hatte. Christines Eltern hielten zur Aussage ihrer Tochter, die nach wie vor behauptete, dass dieses Kind, das sie geboren hatte, ein Siebenmonatskind sei. Sie hat es verstanden, dies ihren Eltern gegenüber rechnerisch glaubhaft zu machen. Alle, einschließlich der Großmutter des Neugeborenen, die selbst mehrere Kinder geboren hatte und Kenntnis von der Reife eines Kindes haben müsste, waren sich einig: Christines Sohn ist eine Frühgeburt. Nur ich wusste es anders.

Nun wurde der angebliche Vater verständigt, um ihn von seinen veränderten Lebensumständen zu unterrichten. Ein patenter, in seinem Beruf erfolgreicher junger Mann, aus guter Familie stammend, kam, um Mutter und Kind zu besuchen. »Ist das wirklich mein Kind?«, fragte er Christine mit einem gewissen Zweifel.

Doch diese schwor hoch und heilig, dass nur er, Michael, als Vater in Frage käme, niemand sonst. Die Antwort dieser Mutter kam so spontan und so bestimmt, dass es an dieser Vaterschaft keinen Zweifel zu geben schien.

Nur der junge Mann blieb misstrauisch. Und das mit gutem Grund.

Tage vergingen. Christine und ihre Familie waren glücklich, in Michael einen Kindesvater nach ihren Vorstellungen gefunden zu haben.

Ich sah diese Entwicklung mit einem sehr unguten Gefühl und glaubte, der jungen Mutter und ihrer Familie erklären zu müssen, dass dieses Kind keine Frühgeburt, wie Christine sich dies wünschte, sondern ein reifes, gut ausgetragenes Kind sei. Zu Christine gewandt erklärte ich: »Du bringst dich und andere und besonders Michael in Schwierigkeiten, wenn du an dieser Lüge weiterhin festhältst. Denn ich muss und werde dem Gericht sagen, dass dein Kind ein reifes Kind ist. Somit würden aber deine gut durchdachten Überlegungen für dich zur Schande und als Falschaussage bewertet werden.«

Seit diesem Gespräch waren Christine und ihre Familie um eine Hoffnung ärmer, und diese bittere Pille war nur schwer zu schlucken. Sie wollte nun einmal Michael als Vater ihres Kindes haben, und nun sollten alle gut überlegten Pläne umsonst gewesen sein? Sie gebärdete sich wie ein ungezogenes Kind, dem man sein Spielzeug entrissen hatte, das mit leeren

Händen dastand und nicht wusste, was es anfangen sollte.

Ich hatte für uneheliche Mütter und ihre Kinder in ihrer Not immer Verständnis; Christines weitere Aussagen aber versetzten mich in eine Art Schock, der mir zu schaffen machte, sodass ich dieser jungen unehelichen Mutter, die sich immer mehr in Lügen verstrickte, weder ein gutes Wort geben noch sie bemitleiden konnte. Jetzt, da sie Michael verloren hatte, kam der Hass auf diesen Mann, dem sie nun Ungeheuerliches unterstellte. »Michael«, erklärte sie mir, »wird das büßen müssen. Er hat mich vergewaltigt, das wird ihm allerhand Unannehmlichkeiten bringen, wenn das bekannt wird.«

Für den Augenblick konnte ich kein Wort sprechen. Dann gab ich ihr zur Antwort: »Ich hatte sehr viel Verständnis für dich, Christine, aber nun, nach deiner zweiten ungeheuren Lüge, muss ich dich fragen: Weißt du überhaupt, was du sagst? Dass auf Vergewaltigung hohe Gefängnisstrafen stehen. Ist es nicht genug, dass du falsche Angaben gemacht hast? Willst du diesen Mann, auch wenn deine ungeheure Anklage nicht haltbar ist, zugrunde richten? Weißt du das?«

Wir hatten ein langes Gespräch, in dem ich Christine immer wieder erklärte, sie solle sich den Tatsachen stellen und nicht mit Lügen einen Weg suchen. Christine weinte aus Zorn, aus Reue, aus Ausweglosigkeit, wer weiß hier Antwort geben, wer kann Einblick nehmen in die Wirrnisse der menschlichen Seele?

Christine hatte es schwer, einen Vater für ihr Kind zu finden. Namen verschiedener Männer wurden genannt, Gerichtsverhandlungen verliefen erfolglos für Mutter und Kind. Aber Christine gab nicht auf, einen

Vater für ihr Kind ausfindig zu machen. Nach einigen Jahren war ihr Suche, wie sie glaubte, erfolgreich; der Vater ihres Kindes war gefunden, angeblich der echte und eigentliche. Um alle Zweifel auszuräumen, wurde von Seiten dieses Mannes ein erbbiologisches Gutachten beantragt, das aber ihn nicht als Vater von Christines Kind ausweisen konnte. Sie musste ihr Schicksal annehmen, ebenso die standesamtliche Eintragung, dass der Vater des Kindes unbekannt sei. Vaterschaftsauseinandersetzungen, die Gerichtsprozesse zur Folge haben und Gerichtsakten füllen, sind würdelos und dienen nicht immer der Wahrheitsfindung. Was bleibt, ist ein bitterer Nachgeschmack für Klägerin und Zeugen und Beklagte.

Rein vor Gott und den Menschen

Die kirchlichen Feste haben im ländlichen Gebiet einen besonderen Stellenwert. Fronleichnam vor allem ist ein Fest von großer Bedeutung. Mit Blumenschmuck und Fahnen tut man alles, um das Fest nach außen hin so zu begehen, wie es seiner würdig ist. Sehen und Gesehenwerden gehörten ebenso dazu wie die kirchliche Feier selbst. Die Vereine wurden aufgefordert, sich mit ihren Fahnen an der Prozession, dem Höhepunkt des Tages, zu beteiligen. Eine alte Tradition, über die mich der Wimmer-Bauer belehrte: »Fronleichnam ohne Fahn ist wie die Kirche ohne Pfarrer.«

Von einer dieser Fahnen beziehungsweise von deren Trägerin ist in dieser Geschichte die Rede, die die Leute des kleinen Ortes noch lange beschäftigte. Die Fahnenträger waren ausgesuchte Männer und Frauen, welche die Ehre hatten, das Symbol ihres Vereines vorauszutragen. Hier verfuhr man streng in der Wahl dieser Persönlichkeiten. Nur diejenigen, die einen einwandfreien Lebenswandel aufzeigen konnten, durften dieses Ehrenamt bekleiden. Besonders bei der Trägerin der Jungfrauenfahne setzte man strenge Maßstäbe an. »Das Dirndl muss einwandfrei sauber sein von innen und außen«, wusste die alte Kramer-Leni von der alten Tradition zu berichten. Das Problem dieser Fahnenträgerin belastete jedes Jahr die Vorstandschaft des Vereins, »weil die Dirndl immer gleich weggeheiratet werden«, wie mir das Fräulein

Ursula als Pfarrersköchin und erste Vorsitzende berichtete. »Aber in dem Jahr haben wir eine ausgesucht, die hundert-, nein tausendprozentig alle Erwartungen erfüllt.«

Ein wenig neugierig geworden, schaute ich mein Gegenüber etwas fragend an.

»Dem Dürmeier seine Annelies, Sie werden sie eh kennen, kommt in diesem Jahr für dieses Ehrenamt in Einsatz.«

Eine gute Entscheidung, so meinte ich, denn Anneliese, dieses hübsche junge Mädchen, dem die jungen Männer mehr als interessiert nachschauten, hatte einen einwandfreien Ruf, sie erfreute sich größter Wertschätzung. Sie war anscheinend wirklich, wie die Kramer-Leni zu sagen pflegte, sauber von innen und außen. Die beste Voraussetzung für dieses Ehrenamt. Auch die größten Klatschbasen der Gemeinde wussten nichts Nachteiliges von ihr zu sagen, auch nicht, wenn man sich alle Mühe gab, ihren Lebenslauf zu durchleuchten. Die Kottinger-Kathl allerdings glaubte zu wissen, dass von der Stanzinger-Mühle drüben im Tal sich der Zweitälteste um die Anneliese bemühe. »So sagt man«, ergänzte sie, »aber nix Gwisses weiß man net. Drum möchte ich nix gesagt haben.«

So kam der große Tag. Anneliese in weißem Kleid und blauer Schärpe trug stolz die Fahne der Jungfrauen von Geißbach an diesem Tag, würdevoll, andächtig, so wie es sich für eine ehrenhafte Jungfrau geziemt. Die Bevölkerung des Ortes war sich dieses Mal ohne Ausnahme einig: eine schöne, eine brave Fahnenträgerin wie selten eine war die Anneliese.

Auch dieser Tag ging zu Ende und Fräulein Ursula

war hochzufrieden, denn Anneliese, die Fahnenträgerin, war ihr mit ihren jungen Jahren für mehrere Jahre sicher. Daran glaubte sie fest, »denn dafür habe ich eine gute Nase«, eröffnete sie mir. Möge sie Recht behalten, dachte ich.

Wochen vergingen. Von diesem Fest wurde nicht mehr gesprochen. Der Alltag nahm die Menschen wieder auf mit seinen Sorgen und Problemen. Man hatte vergessen, was war, auch dass Anneliese, die Fahnenträgerin, ihren großen Tag gehabt hatte, der im nächsten Jahr für das blitzsaubere junge Mädchen vermutlich wieder kommen wird.
    Aber viel später erinnerte man sich wieder an diese Jungfrauenfahne und an ihre Trägerin. Dieses Mal in weniger gutem Sinn.

Der Sommer war heiß, er ließ die Ernte reifen, die man bald einbringen würde. Geschäftiges Leben auf Wiesen und Feldern. Auf dem Dürmeier-Hof ruhte jetzt, am späten Abend, die Arbeit. Nur die Bäuerin war noch im Kräutergarten beschäftigt. Ich sah sie die Gartentüre mit einem Ruck schließen und noch einmal ihre Arbeit überblicken. Nun war es fast dunkel geworden und eine feierliche Stille legte sich über das Land und seine Menschen.
    »Ja, d'Hebamme ist auch noch auf dem Weg«, begrüßte mich die Dürmeierin herzlich. »Komm rein in die Stube, heut hab ich gebacken.«
    Das hieß, man erwartete von mir, dass ich der Einladung Folge leiste, das Schmalzgebackene bei einer Tasse Kaffee probiere und die Kochkünste der Bäuerin natürlich in hohen Tönen lobe. Eine Ablehnung einer solchen Einladung käme einer Beleidigung

gleich. Im Laufe der Jahre hatte ich gelernt, wie man sich in einem solchen Fall verhalten muss, ohne die Menschen zu verletzen.

Auf dem Weg zum Wohnhaus berichtete mir die Dürmeierin: »Seit gestern sind bei uns die Näherinnen da, die die Aussteuer für die Anneliese herrichten.«

»Ja«, meinte ich, »damit kann man nicht früh genug anfangen.«

»Dass die Anneliese heiratet, das wirst eh schon gehört haben«, meinte sie.

Nein, das hatte ich nicht. »Den zweiten Sohn von der Stanzinger-Mühle, den Franzl, kriegen wir als Schwiegersohn«, setzte die Dürmeierin hinzu.

»Das ist eine erfreuliche Nachricht«, entgegnete ich. »Die Stanzingers sind angesehene Leute, da bekommt die Anneliese einen rechtschaffenen Mann und ihr einen guten Bauern, einen guten Schwiegersohn auf den Hof. Ich wünsch der Anneliese Glück.«

In der großen Stube gesellte sich nun der Dürmeier zu uns und nahm an dem Gespräch über die Hochzeit seiner einzigen Tochter teil, indem er meinte: »Ein bissl jung ist es halt noch, unser Dirndl, aber wenn man halt nimmer warten mag, was soll man machen.«

In diesem Moment kam Anneliese, die junge Braut, zur Tür herein und setzte sich zu uns an den großen Tisch. Ihre fragenden Blicke gingen unstet von einem zum anderen und waren des Öfteren auf mich gerichtet. In ihrem blassen Gesicht war nichts von Freude zu sehen, die eine junge Braut im Allgemeinen auszeichnet. Anneliese hatte sich verändert. Aus dem einst fröhlichen jungen Mädchen war eine nachdenkliche junge Frau geworden, die, wie es schien, Probleme hatte.

Sie sah mir nun voll ins Gesicht, war aber zu der Frage, die sie mir stellen wollte, nicht bereit.

»Geht es dir nicht gut, Anneliese?«, fragte ich, um ihr Mut zu machen, das auszusprechen, was sie vermutlich belastete.

Die Antwort kam nicht von ihr, sondern von der Mutter, die etwas nervös ihre Schürze glättete, als sie sagte: »Mei, die Aufregung vor der Hochzeit halt, das sind anstrengende Tage und Wochen, kann ich dir sagen. Da ist es mir genauso gegangen.«

»Das wird es wohl sein«, bestätigte ich die Antwort der Mutter, obwohl ich auf den ersten Blick sah, welche Art von Sorgen die junge Anneliese plagten.

Die Hochzeit wurde groß gefeiert. Der Dürmeier-Bauer ließ sich diese Feier etwas kosten, denn Anneliese, seine einzige Tochter, stand seinem Herzen am nächsten. Fräulein Ursula, die für die Jungfrauenfahne verantwortliche Vorstandsdame, war verärgert, weil sie im nächsten Jahr wieder keine Fahnenträgerin hatte, trotz ihrer berühmt guten Nase.

»Es wird immer schwieriger, ein passendes Dirndl als Fahnenträgerin zu finden, denn dieser Ehrendienst erfordert ein völlig unschuldiges Mädchen, wenn Sie verstehen, was ich damit meine. Aber die werden allerweil seltener, weil die Welt so schlecht ist. Das predigt unser Herr Hochwürden viel zu wenig, es ist ein Kreuz«, beklagte sich Fräulein Ursula bei mir.

Monate vergingen, auch die Hochzeit auf dem Dürmeier-Hof kam trotz der regen Anteilnahme der Bevölkerung in Vergessenheit. Man hatte an wichtigere Dinge zu denken.

Doch nach der Geburt des Stammhalters und Hoferben, dem ich siebeneinhalb Monate später ins Leben verhalf, da holte man sein Gedächtnis wieder hervor und begann zu rechnen. Nicht neun, sondern siebeneinhalb Monate schlugen zu Buche, vom Tag der Hochzeit an gerechnet. Es war nicht zu fassen. Anneliese erwartete als Fahnenträgerin der Jungfrauenfahne ein Kind! Eine schwangere Jungfrauenfahnenträgerin, so etwas hatte es noch nie gegeben. Die erhitzten Gemüter, besonders der weiblichen Bewohner des Ortes, waren kaum zu beruhigen. Einige der Klatschbasen behaupteten, dass dies einer Gotteslästerung gleichkäme, von Lüge und Betrug ganz zu schweigen. Diese ganz ungewöhnliche Neuigkeit hatte wie eine Flamme, die jeden Tag durch Tratsch und Klatsch neue Nahrung erhielt, auch noch im letzten Winkel des Ortes die Fantasie der Menschen entzündet.

Dieses Gerede fand auch den Weg auf den Dürmeier-Hof und kam somit auch Anneliese zu Ohren. Die junge Mutter weinte, als ihr dies zugetragen wurde. Sie weinte, weil dieses Kind, welches sie so liebte, eine Nahrung für böse Zungen geworden war. Ich tröstete Anneliese mit dem Satz, den ich einmal gelesen und der mich sehr beeindruckt hatte: »Jedes Kind kommt von Gott und jede Mutter ist Gottes Werkzeug.«

»Ich glaube, es lohnt sich, darüber nachzudenken«, erklärte ich ihr. »Die Freude über dein gesundes Kind soll durch das dumme Gerede unvernünftiger Menschen nicht gemindert werden.«

Der junge Vater wischte seiner Frau schweigend und ein wenig unbeholfen die Tränen vom Gesicht.

Auch ohne Worte kann man seine Gedanken ausdrücken. Doch ein Stachel blieb in Annelieses Seele, der das Glück, die Freude erheblich trübte.

Auf dem Dürmeier-Hof habe ich noch weiteren fünf Kindern zum Leben verholfen, damit blieb der kleine Sebastian, der den Namen seines Großvaters bekommen hatte, nicht das einzige. Es war wieder neues Leben auf dem Dürmeier-Hof und der Erbe durch drei Buben gesichert.

 Mit Anneliese sprach ich nicht mehr über diese unglückselige Geschichte, die so viel Wirbel ausgelöst hatte und die Freude über das neue Leben auf diesem jahrhundertealten Hof erheblich getrübt hatte. Sie ist mit einer neuen Generation, wie so vieles andere, gegenstandslos geworden. Ob Anneliese, heute längst Großmutter, ihren Enkeln einmal davon erzählen wird? Ich glaube es nicht und so bleibt die Geschichte weiterhin vergessen. Dass aber Klatsch und Tratsch einen auf den Boden zwingen können, diese Erkenntnis hatte Anneliese für ihr weiteres Leben mitbekommen. Vielleicht hat sie diese Weisheit ihren Kindern und Enkeln auf ihren Lebensweg mitgegeben.

 Es wäre zu hoffen, dass diese nicht in die Mühlen böser Zungen geraten, so wie ihre Großmutter, denn davor kann man sich nicht schützen.

Göttlicher und menschlicher Beistand

Bei vielen meiner erlebten Geschichten im Lauf meines Berufslebens dachte ich zurück an die Schule, was gelehrt, gesprochen, empfohlen wurde. Wir bekamen manche Lebensweisheiten mit auf den Weg, die in keinem Buch stehen, die man erleben muss, um sie weitergeben zu können zum Nutzen anderer. »Erlebtes Leben«, nannte dies unsere Lehrhebamme.

Der ethische Unterricht war ein Pflichtfach, das neben den fachlich-medizinischen Vorträgen die geistlichen Grundlagen der beiden großen Religionen lehrte. Der evangelische Pastor verstand es ganz besonders, unsere Aufmerksamkeit zu fesseln. Dies lag vielleicht daran, weil er selbst Familienvater war und Einblick hatte in die Probleme, die sich im familiären Zusammensein ergeben. Er konnte auf sehr anschauliche Weise vom Geburtsbeistand des Ehemannes sprechen und uns aus seiner Sicht Ratschläge für den Fall geben, dass wir einmal allein am Kreißbett stehen.

Ich habe einen Satz aus einem seiner Referate in ganz besonderer Erinnerung behalten. In sehr eindringlichen Worten sagte er: »Meine Damen, ich bitte Sie, haben Sie Mitleid mit den Männern. Ich versichere Ihnen, diese leiden mit der werdenden Mutter mehr, als Sie vielleicht glauben werden.«

Der Herr Pastor wird wohl aus eigener Erfahrung gesprochen haben. Wie oft dachte ich an diese Worte, wenn ich am Kreißbett beobachtet habe, wie Männer zu schwitzen anfingen und weiß wurden um die Nase, wenn die Geburt dem Ende entgegenging!

Ich glaube sagen zu dürfen, dass ich mich zeit meines Berufslebens an den Ausspruch des Herrn Pastor gehalten habe. Diese Stunde des ethischen Unterrichtes damals hat mich geprägt. Ich habe immer versucht, nicht nur der werdenden Mutter, sondern auch dem Ehemann Zuversicht zu geben, ihn in das Geschehen einzubinden, damit er so die Geburt des Kindes ohne Angst miterleben kann, damit das Kommen eines neuen Menschen nicht zum Drama, vielmehr zu einem wirklichen Erlebnis werden kann. Die folgende Begebenheit ist mir in ganz besonders froher Erinnerung geblieben, die ich meinen Lesern nicht vorenthalten möchte.

Die Frau des Pastors der evangelischen Gemeinde erwartete ihr erstes Kind, und das, wie ich wusste, mit ganz besonderer Freude. Um uns vor der Geburt zu sehen und kennen zu lernen, aber auch, um etwaige Fragen zu klären, bat mich Frau Pastor zu sich.

Eine hoch gebildete junge Frau stand mir gegenüber, die in schriftstellerischen Kreisen einen Namen hatte und nun als Köchin, Hausfrau und Sekretärin ihrem Mann, dem Herrn Pastor, zur Seite stand. Sonntags erfüllte sie neben ihren anderen Aufgaben noch ihre Funktion als Organistin. Die Orgel der Kirche beherrschte sie meisterhaft zur Freude und Erbauung der Gläubigen.

Trotz der vermehrten Arbeit als alleiniger Seelsorger der Gemeinde stand Herr Pastor seiner jungen Frau in den Stunden der Wehen bei, um ihr seelische Hilfe zu geben. Ich sah dem werdenden Vater an, dass ihn das Nichtstun, zu dem er verurteilt war, das Nichthelfen-Können, das trostlose Warten, das an den Nerven zerrte, sehr belastete. Diese urmenschlichen Empfindungen sah ich immer als ein positives Zeichen der seelischen Verbundenheit zweier Menschen an, die sich in den Stunden der Angst und der Sorgen gegenseitig helfen und stützen.

Die Zeit des Wartens war lang, die Geduld wurde strapaziert und eine gewisse Angst machte sich breit, ohne dass sie ausgesprochen wurde. Ich fühlte die Angst dieser beiden Menschen fast körperlich, wie so oft, wenn ich an einem Kreißbett stand. Obwohl ich keine Erklärung für dieses Phänomen hatte: Es war einfach da. Immer wieder für mich unverständlich. Vielleicht gibt es doch Dinge, überlegte ich manches Mal, die der menschliche Verstand nicht erfasst.

Die Freude der Eltern über dieses Kind und ihre gläubige Gesinnung haben mich tief beeindruckt. Es war ein Augenblick des Staunens, als das kleine Wesen den ersten Schrei tat und damit zu erkennen gab, dass es lebte und es als selbstverständlich empfand, dass es von seinen Eltern aufgenommen wird. Mit einem »Gott segne dich« nahm der Vater sein Kind in Empfang. Worte, die ich nur selten hörte und die so viel Dank ausdrückten. Ich war tief beeindruckt und ich habe diese Stunden in meinen Gedanken behalten.

Aber noch jemand hat auf die Stunde der Geburt dieses Kindes gewartet. Völlig unerwartet betrat Schwester Alexandrine, die Oberin der katholischen Ordensschwestern und das Herz des Hauses, den Kreißsaal, den sie so gut wie nie aufsuchte. Sie trat an das Bett der jungen Mutter mit den Worten: »Deo gratias«. Damit dankte sie Gott auf ihre Weise in lateinischer Sprache für die gut verlaufene Geburt dieses gesunden Kindes, welches sich nun mit einem kräftigen Schrei selbst zu Wort meldete.

In das evangelische Pfarrhaus kam ich noch drei Mal, um den nachkommenden Kindern ebenfalls zum Leben zu verhelfen. Es ist schade, dass ich den weiteren Lebensweg dieser Kinder nicht verfolgen konnte. Der Herr Pastor wurde in eine andere Stadt versetzt, aber die Erinnerung an diese gläubigen, liebenswerten Menschen ist mir bis heute geblieben.

Zwischen Himmel und Erde

Es ist ein häufiger Glaube, dass Verstorbene, die uns im Leben besonders nahe standen, uns aus einer uns unbekannten Welt weiterhin begleiten, beschützen, uns beistehen in schwierigen oder bedrohlichen Lagen. Diesen Glauben, der ein Weiterleben im Universum voraussetzt, können weder Wissenschaftler noch Theologen stützen. Des Öfteren wurde ich über derartige Begebenheiten, die ich nicht Aberglaube nennen, noch in diesen Bereich einordnen möchte, befragt. Ich musste zu diesem Thema die Antwort schuldig bleiben. Gibt es Dinge zwischen Himmel und Erde, die wir Menschen nicht verstehen?

Es war einer jener regnerischen kühlen Maitage, die den Namen »Eisheilige« wirklich verdienen, die einen frösteln lassen, besonders in den Nächten, die unangenehm kalt werden können.

Ich war auf dem Weg zu einer jungen Mutter, die ihr erstes Kind bekam und ganz besonders unruhig und ängstlich war, wie mir gesagt wurde. Christine hatte es in den letzten Monaten besonders schwer. Ihre Angstgefühle waren verständlich, hatte sie doch erst vor kurzem ihren Mann durch einen Unfall verloren und diese Verzweiflung war noch tief in ihrem Inneren. Sie fühlte sich verloren, allein gelassen, besonders jetzt in den Stunden der bevorstehenden Geburt, die sie nun ohne ihren Mann, ohne seinen Beistand bewältigen musste. Ich würde bei dieser Geburt sehr viel Einfühlungsvermögen und Beobachtungsgabe brauchen, damit diese Mutter nicht in tiefe Depressionen fällt, die zu einem solchen Zeitpunkt und nach dem vorausgegangenen schweren Schicksalsschlag eintreten können.

Christine war eine starke Frau, die weder weinte noch klagte. Nur ihre Augen sprachen von durchweinten Nächten und von ihrem tiefen Leid. Nun aber war die Freude da über ihr Kind und die war vorrangig, sie stand über dem Schmerz, den traurigen Erinnerungen und der Tragik um den unerwarteten Tod ihres Mannes.

Doch wenige Tage nach der Geburt des Kindes kam, was sich befürchtet hatte. Eine schwere depressive Phase bahnte sich an. Christine weinte tagelang still vor sich hin, sie wollte mit niemandem sprechen, war lustlos, von der Welt abgewandt. Um sie ein wenig aus dieser Dunkelheit herauszuholen und sie von ihren traurigen Gedanken abzulenken, brachte ich ihr auch zwischendurch ihren kleinen Thomas, an dem sie mit ihrer ganzen Liebe hing.

Aber an einem dieser trüben Tage wollte sie auch ihr Kind nicht mehr sehen. Es schien, als ob alle medizinischen Mittel erfolglos geblieben wären. Christine sank immer tiefer in die Dunkelheit ihrer Depressionen, sie erforderten erhöhte Aufmerksamkeit, um diese junge Mutter vor dem Schlimmsten zu bewahren. Der etwas längere Krankenhausaufenthalt, der durch die psychische Erkrankung der Wöchnerin notwendig wurde, war nicht voraussehbar.

Die langen Regentage hatten sich verabschiedet, eine strahlende Sonne ließ in diesen Maitagen die Natur in allen Farben erblühen. Der Frühling zeigte sich von seiner schönsten Seite und die Menschen, so schien es, waren freundlicher, aufgeschlossener. Christines Zustand hatte sich so weit gebessert, dass sie nach Hause entlassen werden konnte.

Doch hier, in ihren eigenen vier Wänden, wurde die Vergangenheit wieder lebendig, die Erinnerung an den plötzlichen Tod ihres Mannes war wieder so nah und die seelischen Wunden empfand sie nun noch schmerzhafter als vor der Geburt ihres Kindes.

Ich besuchte sie auch jetzt noch fast täglich, weil ich wusste, dass sie trotz des Kindes eine tiefe Leere in ihrem Inneren verspürte, die unter Umständen bedrohlich werden könnte. Deshalb machte ich den Vorschlag: »Es wäre sinnvoll, wenn du deine Mutter zu dir holen würdest, damit du nicht so allein bist. Es ist nicht gut für dich, wenn du ständig in deinen traurigen Gedanken lebst. Du wirst das Lachen noch ganz verlernen und du solltest wieder so fröhlich werden, wie du vorher warst.«

»Ich brauche niemand«, war ihre Antwort. »Alfons, mein Mann, ist bei mir. Obwohl er tot ist, ist er doch in meiner Nähe. Ich spreche jeden Tag mit ihm. Er sagt mir vieles, besonders nachts, was ich vorher nicht gewusst hatte«, sprach sie voller Überzeugung weiter. »Er beschützt mich und unser Kind, das hat er mir versprochen.« Mein Gesichtsausdruck muss bei dieser Eröffnung vermutlich recht skeptisch gewesen sein, da sie noch einmal wiederholte: »Ja, er ist da, auch jetzt. Er ist immer bei mir und unserem Thomas. Er wird uns beide nie verlassen.«

Eine längere Pause entstand, in der jede von uns beiden den eigenen Gedanken nachhing.

In die Stille hinein sprach Christine weiter, enttäuscht von meinen Zweifeln: »Sie glauben mir nicht«, stellte sie fest, »es ist aber die Wahrheit, was ich sage. Alfons ist wirklich bei mir, jede Stunde meines Lebens, immer. Ich brauche keine Hilfe von außen. Verstehen Sie mich jetzt?«

Es war schwer nachvollziehbar, was ich von Christine hörte. Es musste eine sehr starke Bindung zwischen diesen beiden Menschen gegeben haben, die auch über den Tod hinaus bestehen blieb.

Ich bemühte mich um eine Antwort, die uns beiden gerecht werden würde, und meinte: »Ich sehe dies eher als einen Wunschgedanken deinerseits an, den ich verstehen kann. Du musst erst lernen, deine jüngste traurige Vergangenheit aufzuarbeiten, um wieder realistisch denken zu können.« Aber wie sehr ich mich in Christines innerer Einstellung getäuscht habe, diese Erfahrung musste ich erst einmal machen, um zu der Erkenntnis zu kommen, dass es keine allgemein gültige Regel, ganz besonders im psychischen Bereich, gibt, weil das tiefste Innere eines Menschen auch Psychologen nicht immer erfassen können.

Mehrere Jahre vergingen. Um Christine und ihren kleinen Thomas war es still geworden. Ich hörte schon lange nichts mehr von den beiden. Doch an einem Tag begegneten wir uns und ich sah sie nach langer Zeit wieder.

Christine hatte, wie zu sehen war, zu sich selbst gefunden, sodass sie wieder am öffentlichen Leben teilnahm. Thomas, der schon zur Schule ging, war ein hübsches, aufgewecktes Kind und Christines einziger und wichtigster Lebensinhalt. Ich freute mich, dass diese junge Mutter aus der dunkelsten Phase ihres

Lebens herausgefunden hatte und mit beiden Beinen wieder fest auf dem Boden der Tatsachen stand.

Wieder vergingen Jahre im Auf und Ab der Jahreszeiten. Kinder wurden geboren, erwünschte und unerwünschte. Inzwischen war nun schon die zweite Generation an der Reihe, deren Kindern ich zum Leben verhalf. Immer öfter hörte ich unbekannte Namen, zu denen ich gerufen wurde, bedingt durch die Zuwanderung in den neuen Siedlungsgebieten, die immer mehr Menschen aufnahmen.

An einem strahlend schönen Frühlingstag erreichte mich ein dringender Hilferuf, der höchste Eile anzeigte. Der Name der Mutter war mir unbekannt; die Adresse zu finden, war für mich kein Problem, weil ich fast jeden Winkel in dem mir zustehenden Bereich kannte. In eiliger Fahrt ging es dorthin. Ein Mann, den ich nur vom Sehen kannte, empfing mich an der Haustür und führte mich in die Wohnung zu der werdenden Mutter. Erst auf den zweiten Blick erkannte ich Christine, die nun in einer neuen Ehe ein Kind erwartete, zu dessen Geburt ich geholt worden war.

»Dass wir uns noch einmal sehen, das freut mich ganz besonders, nachdem, wie ich meine, inzwischen bald zehn Jahre vergangen sind«, begrüßte ich Christine.

»Thomas wird zwölf«, antwortete sie. »Aber bei diesem Kind geht es vermutlich nicht gut. Ich habe erst in zwei Monaten mit der Geburt gerechnet«, erklärte mir Christine den Sachverhalt.

Unser Gespräch beendeten die häufig kommenden Wehen. Auch für mich aufschlussreiche Fragen konnten nicht mehr beantwortet werden.

Dann war es da, dieses zu früh geborene Kind, das seinen Entwicklungsprozess viel zu früh beendet hatte, und nicht nur das. Es war mit gravierenden Behinderungen belastet, die erschreckend waren. Mit einem verkürzten Arm und einem verkrüppelten Bein, an dessen Fuß die Zehen fehlten, kam es zur Welt. Das kleine Gesicht trug weitflächige Warzenbildungen, die man unter Umständen kosmetisch regulieren kann. Die Hasenscharte und der damit verbundene Wolfsrachen, die das kleine Gesicht in hohem Maße entstellten, waren ein trauriger Anblick. Wiederum kam die belastende Aufgabe auf mich zu, den Eltern sagen zu müssen, dass ihr Kind behindert sei und die elterliche Fürsorge in ganz besonderem Maße brauche, dass mit einem behinderten Kind auch ihr Leben eine Änderung erfahren werde. Christines Ehemann stand wie versteinert vor diesem armen Wesen, das kaum atmete und das, wie man sehen konnte, keinen rechten Willen zum Weiterleben hatte. Stumm sah der Mann auf dieses missgebildete Kind, das er als das seine annehmen musste. Es gab keine andere Wahl. Die Gedanken, die durch seinen Kopf kreisten, konnte man nur ahnen, als er mit hängenden Schultern den Raum verließ, ohne an seine Frau auch nur ein einziges gutes Wort zu richten. Er machte sie für dieses Unglück, wie es schien, verantwortlich.

Christine weinte, während sie das missgestaltete Kind in ihren Armen hielt, das seiner Umgebung hilflos ausgeliefert war. Es würde im gesellschaftlichen Leben ausgegrenzt sein, auch wenn es, um bestehen zu können, zahllose Operationen über sich ergehen lassen müsste. Es würde immer als Außenseiter gekennzeichnet sein.

Aber auch der Lieblosigkeit ihres Mannes galten die Tränen dieser Frau, der das Haus verlassen hatte, um seinen eigenen Gedanken nachgehen zu können. Diese Ehe hatte nicht das gehalten, was sich Christine erwartet hatte. Ihr Ehemann hatte sie in dieser schwierigen Lage, die schicksalsbedingt beide Partner tragen müssten, allein gelassen. Sein Ego war ihm vorrangig, er wollte Abstand haben von den unangenehmen Dingen zu Hause, für die niemand verantwortlich gemacht werden konnte. Oder gab es doch Zusammenhänge, die vorerst nicht zu klären waren?

Dem kleinen Mädchen gab ich keine allzu große Lebenserwartung. Die Atemschwierigkeiten verschlimmerten sich zusehends und das monotone Stöhnen des Kindes ließ nichts Gutes ahnen. Der Arzt wurde verständigt, um eine Entscheidung in der ärztlichen Versorgung zu treffen, die unumgänglich war.

Doch als diese Hilfe kam, gab es nichts mehr zu helfen. Noch bevor der Arzt an das Bett der kleinen Julia trat, war ihr Lebensweg beendet. Das Schicksal hatte den Weg gewählt, den es für den besten hielt.

Trotz der Schwerstbehinderung dieses unreifen Kindes weinte die Mutter um ihre Julia, auf die sie sich gefreut, die sie geboren hatte. Eine mütterliche Reaktion, die nur Mütter begreifen können und die für realitätsbezogene Außenstehende häufig unverständlich ist.

Ich wollte Christine mit ein paar Worten trösten und darauf hinweisen, wie schwer das Leben dieses Kindes auf Grund seiner so starken Behinderungen geworden wäre.

Christine sah an mir vorbei und sagte dann, jedes

Wort betonend: »Ich sollte nicht weinen, hat mir Alfons gesagt. Er hat Julia zu sich geholt.«

Fast erschrocken über diese mir unverständliche Aussage antwortete ich: »Bist du immer noch der Ansicht, dass du in seelischer Verbindung zu deinem ersten Mann Alfons stehst? Es wird Zeit, dass du dich von diesem Gedanken frei machst. Du lebst nun in einer anderen Ehe mit einem anderen Mann. Das musst du zur Kenntnis nehmen.«

»Ich stehe in telepathischer Verbindung mit Alfons, daran kann und will ich nichts ändern«, behauptete sie. »Er ist immer noch meine ganz große Liebe.«

Christines Aussagen waren für mich unverständlich. Ich konnte sie beim besten Willen nicht nachvollziehen. Es war schwierig geworden, mit dieser Frau zu sprechen, denn ihre Gedanken kreisten nur um den Verstorbenen, sie lebte in und mit dieser Verbindung, die sie zum Sinn ihres Lebens gemacht hatte.

Dann stand plötzlich Thomas vor mir, kein Kind mehr, ein reifer Jugendlicher, der seiner Mutter sehr ähnlich war. Es muss eine besondere Beziehung zu ihr bestanden haben. Er trat an ihr Bett, streichelte sie und sagte tröstend: »Wein net, Mama, ich bin bei dir.«

Seine Beziehung zum Stiefvater war vermutlich nicht die beste. Denn auf die Frage seiner Mutter an ihn: »Wo ist Papa?«, kam die viel sagende Antwort, die mir zu denken gab: »Ach der, der ist fort, ich weiß net, wohin. Der sagt doch nie, wohin er geht. Aber wenn du willst, dann such ich ihn.«

Ich blieb an Christines Bett, um abzuwarten, ob sich Zeichen einer nochmaligen Wochenbettpsychose zeigten. Die Umstände sprachen auch dieses Mal dafür. Aber, wie es schien, würde alles gut verlaufen. Thomas war da, den diese Mutter als ihren eigentlichen Schutz betrachtete. Die seelische Verbundenheit von Mutter und Sohn spürte man förmlich. Die beiden hatten zu lange abgeschottet von äußeren Einflüssen gelebt, als dass durch die veränderte Lebensgestaltung eine positive Beziehung zwischen Stiefvater und Sohn hätte aufgebaut werden können. Thomas war seiner Mutter in ganz besonderer Weise zugetan, deren Liebe ihm allein gehört hatte, und nun musste er sie mit einem fremden Mann teilen, der in ihre Welt eingedrungen war, die nur ihnen beiden gehörte. Das war eine schwere Anforderung an diesen jungen Menschen.

Ich hatte inzwischen alles geregelt, auch was den Tod des Kindes betraf. Es war weit nach Mitternacht, als ich mich auf den Heimweg begab. Zu dieser Zeit war Christines Ehemann immer noch nicht zurückgekehrt.
Für den Bestand dieser Ehe sah ich keine guten Chancen. Wenn man ein auferlegtes Schicksal nicht gemeinsam annehmen und tragen will, dann ist eine bestehende Zweisamkeit in Frage gestellt.

Christines Ehe war auch dieses Mal von Tragik umgeben. Mehrere Fehlgeburten reihten sich aneinander, immer wieder verlor sie ohne ersichtlichen Grund ihre Kinder. Nach jedem tragischen Geschehen wurde Christines Ehemann verärgerter, ungerechter, weil er seine Frau für die Schuldige an diesem nicht enden wollenden Unglück hielt. »Ich brauch ein Weib, das mir Kinder bringt. Ich brauch einen

Nachfolger für meinen Betrieb. Für was, frag ich mich, hab ich überhaupt geheiratet, wenn ich ein Weib hab, das keine Kinder auf die Welt bringen kann, bestenfalls Krüppel«, war sein Ausspruch.

An einem Tag gab es in standesamtlichen Fragen noch etwas zu klären, zu dem ich Matthias B., Christines Ehemann, dringend brauchte. Nach längerem Suchen fand ich ihn in der Werkstatt seines Betriebes. Hier roch es extrem nach Farbe, Gift, Chemikalien, sodass ich mit Atemnot kämpfen musste und meine Augen wie Feuer brannten. Eine Umgebung, die krank machen konnte.

War hier des Rätsels Lösung um Christines abnorme Geburten zu finden? Kam sie in näheren Kontakt mit diesen Giften, welche die Fehlgeburten und die Behinderung des zuerst geborenen Kindes zur Folge hatten?

Später bestätigte mir Christine, dass sie häufig in der Werkstatt mitgeholfen hätte. »Mit der Zeit gewöhnt man sich an diesen Geruch«, sagte sie.

Ich war mir nun sicher, dass dies die Lösung war, nach der wir gesucht hatten. Mit Christine, aber auch mit Matthias B. hatte ich ernste Gespräche. Dabei erklärte ich beiden: »Wenn in euere Familie gesunde Kinder kommen sollen, dann muss Christine dem Betrieb mit seinen krank machenden, giftigen Dämpfen fern bleiben. Ich sehe keinen anderen Grund für die tragischen Geschehnisse in der Vergangenheit.«

Matthias B. war mit meiner Ansicht nicht zufrieden, er erklärte mir, dass sein mühsam aufgebauter Betrieb Christines Arbeitskraft unbedingt brauche und meine Theorie nicht bewiesen sei. Er sei sicher, dass es für die tragischen Geschehnisse andere Gründe gebe.

Christine nahm meine Meinung sehr ernst. Auch gegen den Willen ihres Mannes hielt sie sich der Werkstatt des Betriebes fern. Obwohl sie nun in die Jahre kam, die weniger gebärfreudig sind, so hoffte sie dennoch auf den Nachfolger, den ihr Mann so sehr ersehnte.

Nach einigen Jahren, die an Christine nicht spurlos vorübergegangen waren – mehrere Fehlgeburten und der Tod der kleinen Julia trugen dazu bei, dass sie vorzeitig gealtert war –, meldete sich nun ein spätes Kind zur Freude seiner Eltern an. Wir alle hofften, dass es gesund sein würde, sodass die Geschehnisse der vergangenen Jahre ein wenig vergessen würden. Auch diesem Kind verhalf ich an einem Ostersonntagmorgen zum Leben. Ein gesunder Bub, der die Wünsche des Vaters voll erfüllte und seinen Namen, Matthias, bekam. Dieses Kind, so hoffte man, sollte zum Bestand dieser Ehe, die nach all den Wirrnissen auf wackeligem Fundament stand, beitragen.

Es wurde aber nur insofern ein gegenseitiges Miteinander in dieser Ehe, als jeder jedem seine Eigenheiten einräumte. Es bestand keine große innere Verbundenheit, sondern ein stilles, abgeklärtes Nebeneinander.

Von Alfons, ihrem ersten Mann, sprach Christine noch öfter mit mir. Sie schien nach wie vor mit dem Toten in enger Verbindung zu sein, wie sie sagte. Er war nach all den Jahren in ihre Gedankenwelt so fest eingebunden, dass sie mir erneut erklärte: »Ich weiß, Alfons hat mich nicht vergessen. Er hat mir Thomas als sein Vermächtnis hinterlassen, der mich in seinem Auftrag beschützen wird. Ich liebe den kleinen Matthias sehr, aber Thomas steht meinem Herzen am nächsten.«

Das Geheimnis um Christines Beziehung zu ihrem toten Ehemann wirft viele Fragen auf, über die sich auch Experten den Kopf zerbrechen können. Die Bindung dieser beiden Menschen, Christine und Alfons, muss so stark gewesen sein, dass sie auch in eine andere Ehe eingebracht wurde und hier weiter besteht, weiterlebt, vermutlich für immer.

Komik und Tragik

Die Mentalität der Menschen hier zu Lande kann man am besten bei ungezwungener Unterhaltung kennen lernen. Sie geben sich in ihrem Umgang, wie sie sind, und reden, wie ihnen der Schnabel gewachsen ist. Unkompliziert und in einfachen Worten sagen sie, was es zu sagen gibt; lange Reden schätzt man nicht. Die Zufallsbegegnungen auf dem Weg zu meinen Müttern hatten oft eine gewisse Komik, manches Mal gab es auch Hilferufe in einer kritischen Lage. Gelegentlich wurde ich sogar wegen amtlicher Schreiben, mit denen sich die Leute nicht auskannten, angesprochen, weil ich eben gerade erreichbar war. Ich sollte dieses »hochgeistige Geschreibsel« detailliert verständlich machen. Man wusste, dass ich diese Hilfe als selbstverständlich ansah.

Es war einer jener Tage, an denen sich die Sonne nach längerem Regen wieder aus den Wolken hervorschiebt zur Freude der Menschen. Wenn alle Feldwege, die im Allgemeinen holprig waren, an solchen Tagen fast unpassierbar wurden, ließ ich mein Auto am Straßenrand stehen und ging zu Fuß, häufig durch Morast, meinem Ziel entgegen. An der Feldwegkreuzung musste ich an diesem Tag abbiegen und kam an dem kleinen Häusl vorbei, dessen Bewohner ein wenig eigen, etwas schrullig und weltfremd waren. Sich aber in ihrer Bescheidenheit wohl fühlten. Die Geschwister Hans-Girgl, Petronella und Stasi lebten zurückgezogen in ihrem Häusl, das sie in Frieden seit ihrer Kindheit bewohnten, wie die Leute zu wissen glaubten. Als ich dieser Behausung näher kam, hörte ich ein Stöhnen, das immer lauter wurde, und dann ein »Hilfe, Hilfe, helft mir!«. Hier musste sich etwas Schreckliches ereignet haben, denn solche Hilferufe hört man nur, wenn Gefahr besteht, wenn wirklich Hilfe benötigt wird und ein dringender Fall vorliegt.

Ich beschleunigte meine Schritte, um nachzusehen, ob es hier überhaupt noch etwas zu helfen gab. Das Geschrei wurde immer lauter und die Hilferufe immer eindringlicher, immer makabrer.

Was wird mich in diesem Haus erwarten, wenn ich nun eintrete, überlegte ich.

Die Tür war nur angelehnt und nun hörte ich ganz deutlich: »Ach, ach, au, au, Hiiilfe!«

Beim Öffnen der Stubentür verschlug es mir die Sprache. Was ich hier zu sehen bekam, war wirklich einmalig. Hans-Girgl war mit einer Wäscheleine an einem Küchenstuhl angebunden, die Stasi hielt seinen Kopf in ihren festen Händen, während Petronella mit einer, wie ich vermutete, stumpfen Schere die Haare schnitt, besser gesagt, rupfte. Diverse durch diese Tortur verursachte Verwundungen waren deutlich zu sehen, sogar das eine Ohr gab Zeugnis von der gewaltsamen Verschönerung des Hans-Girgl.

Mein Eintritt wurde durch das lang gezogene, jämmerliche Geschrei von Hans-Girgl nicht wahrgenommen. Erst als ich mich zu Wort meldete, meinte die Stasi: »Der macht beim Haarschneiden immer eine solche Gaudi, das wehleidige Mannsbild«, und die Petronella bestätigte diese Aussage und fügte noch hinzu: »Wir sind eh gleich fertig, dann kannst ihn wieder losbinden.«

Während die Stasi die Wäscheleine löste, um Hans-Girgl freizugeben, überdachte Petronella ihr Werk und meinte: »Die Scher, die schneidet halt nimmer so gut, drum hab ich ihn ein wenig gerupft, den Hans-Girgl.«

»Und geschnitten hat's mich auch«, jammerte der.

Doch die Haare waren, wenn auch schmerzhaft und terrassenförmig geschoren, wieder in Ordnung, sodass man sich sehen lassen konnte. Alles war wieder in Ordnung und man konnte zur Tagesordnung übergehen. »Gut, dass die Haarschneiderei für dieses Mal wieder vorbei ist«, erklärte mir die Petronella, während sie die Abfallprodukte von Hans-Girgls Kopf mit Besen und Schaufel aufkehrte. »Eine schwere Arbeit ist das jedes Mal die Haarschneiderei«, meinte sie abschließend. Während sich Hans-Girgl die demolierten Stellen auf seinem Kopf mit beiden Händen kräftig rieb, um das ausgetretene Blut gleichmäßig zu verteilen, war man sich einig, dass Petronellas Arbeit gut gelungen war. An Infektionsgefahr dachte man nicht. Dieses Wort war ohne Belang für diese Leute, weil alles eh wieder von selber heilt.

Doch dieser Tag war noch nicht zu Ende. Nach mühsamem Gehen durch Pfützen und über steinigen Boden kam ich an das Zuhäusl der Fränzi, die hier allein lebte und eigentlich Franziska hieß. Hier wurde mein Weg erneut unterbrochen. Durch die fast blinden Fensterscheiben sah mich Fränzi auf ihr Häusl zukommen und machte auf sich aufmerksam. Ein mehrmaliges Klopfen an die Scheiben hieß mich hereinkommen, eine Aufforderung, der ich gerne nachkam.

Einsam, sehr verlassen, saß die Fränzi am Fenster, von Schmerzen gequält, einen großen Sack Roggenmehl vor sich, in dem sie das eine Bein bis zum Knie eingegraben hatte. Es dauerte eine Weile, bis ich die Situation erfassen konnte, als die Fränzi zu sprechen begann: »Mein kranker Fuß«, damit meinte sie ihr Bein, »der tut mir halt so weh. Ich möchte ihn dir zeigen, vielleicht weißt du einen Rat, dass er wieder gesund wird, der Fuß. Wenn er bloß net so weh tät.« Mühsam hob sie das kranke Bein, mit beiden Händen nachhelfend, aus dem vollen Mehlsack. Seufzend setzte sie es auf den Rand des Mehlsackes, der nun kleiner geworden war, mit den Worten: »Gräuslich schaut er aus, der Fuß, aber was meinst du?«

Was ich hier zu sehen bekam, überstieg mein Fassungsvermögen. Dieses Gebilde, das sich um mehr als das Doppelte vergrößert hatte, war einem kleinen Bierfass gleichzusetzen. Die offenen Stellen, die leicht zu bluten begannen, ihre Färbung und die massive Schwellung, die die Zehen kaum mehr erkennen ließ, sprachen von einer gefährlichen, lebensbedrohenden Erkrankung. Die Fränzi war schwer angeschlagen.

Auf meine Frage, ob noch nie ein Arzt dieses Bein gesehen hätte, antwortete sie: »Der Doktor war schon einmal da, aber der hat gemeint, der Fuß, der muss abgenommen werden, und dazu muss ich ins Krankenhaus. Das geht aber net, weil ich mit einem Fuß nimmer gehen kann. Nein, nein, das war kein guter Rat von dem Doktor.«

Stumm betrachtete ich Fränzis absterbendes Bein, für das es keine Hilfe mehr gab. Auch sie sah mit gerunzelter Stirn auf diesen kranken Körperteil und meinte: »Schlechter ist er net worden, der Fuß, aber besser auch net.«

Auf meine Frage, wer ihr den Rat mit dem Mehlsack gegeben hätte, antwortete die Fränzi: »Die

Kräuter-Nanni meint, dass das Roggenmehl die Entzündung aus dem Fuß herauszieht, und die Schmier, die sie mit Schweinefett und Kräuter selber macht, die muss ich in der Nacht drauflegen. Es hilft aber auch net viel. Weißt du einen Rat?«

Ich konnte sehr gut verstehen, dass man in aussichtslosen Lebenslagen für jeden guten Rat dankbar sein kann und dass man jeden, von dem man Hilfe zu erwarten glaubt, heranholt und um Rat bittet. Hier aber war ich weit überfordert. Denn wenn es noch Hilfe gäbe, käme sie von ärztlicher Seite, aber auch das war fraglich, das heißt, so gut wie unmöglich. Dass die Kenntnisse der Kräuter-Nanni nicht ausreichen, das war unter diesen Bedingungen auf jeden Fall gewiss.

»Ich nimm's, wie's kommt, machen kann man eh nix«, tat die Fränzi ihre Lebensweisheit kund. Ergeben erwartete sie ihr Schicksal, das für sie von Ewigkeit her, wie sie sagte, bestimmt war. Sie würde es ohne Klagen und Jammern annehmen, weil es Gottes Wille war, dem man nicht entgehen kann.

Ein ganzes Jahr humpelte die Fränzi nach meinem Besuch noch in der Stube umher, um sich selbst versorgen zu können. Dann war ihr leidvoller Lebensweg beendet. Still, leise hat sie den Abschied von dieser Welt hingenommen, weil es so für sie bestimmt war, und das war gut so. Fränzi war sich selbst überlassen in ihren Schmerzen, in ihrer Einsamkeit, angewiesen auf die nachbarliche Hilfe, die ihr nach alter Tradition gegeben wurde. Von Heimen hörte man nur in den Städten, in ländlichen Gebieten gab es diese Einrichtungen nicht, sie wären auch nicht bezahlbar gewesen. Alte Leute bleiben in den eigenen Wänden, so lange, bis ihr Leben zu Ende war. Man wusste es nicht anders.

Tragik

Die Zeit der Vertreibung, der Völkerwanderung aus den Ostgebieten unseres Landes, brachte manches Schicksal mit sich, mit dem sich die heimatvertriebenen Menschen auseinander setzen mussten. Sterbende Kinder und alte Leute auf der Flucht waren ein Drama, das nur jene nachvollziehen können, die es selbst erlebt haben. Familien mit mehreren Kindern mussten sich in der neuen Heimat zunächst häufig mit einer einzigen Stube in den Bauernhöfen begnügen oder sie fanden Platz in einem der Zuhäusl mit den zwei kleinen Kammern, wobei noch häufig Groß- oder Schwiegereltern dazukamen. Zu der damit verbundenen Enge und der zwangsläufigen Bescheidenheit kam das große Heimweh dieser Menschen, die nun in einer fremden Umgebung wieder ganz von vorne anfangen mussten, angewiesen auf die Hilfsbereitschaft anderer.

Eine dieser Heimatvertriebenen-Familien habe ich in meiner ganz besonderen Erinnerung behalten, vor allem das kleine Lieschen, das einzige Kind seiner Eltern, ein hübsches kleines Mädchen mit zwei Grübchen in den Wangen, die ihm ein liebenswertes Aussehen gaben. Das Lieschen war nicht nur der Sonnenschein ihrer Eltern, wohl behütet und umsorgt, auch seine Umgebung war von diesem Kind in besonderer Weise angetan. Die Familie Groha waren fleißige Leute, die nach Feierabend in der Erntezeit die im Feld liegen gebliebenen Ähren sammelten, eine zusätzliche Nahrungsquelle, die zu damaliger Zeit sehr geschätzt war. Sie bewohnten eine große, helle Stube beim Aderer-Bauern in Dörf, und das gute Einvernehmen mit ihrem Gastgeber ließ sie in ihrer neuen Heimat zufrieden sein. Zu Lieschen hatte ich einen recht guten Kontakt, wenn ich zur Aderer-Bäuerin kam, um ihren Kindern ins Leben zu verhelfen. Ich erlebte das Wachsen und Gedeihen dieses Kindes und beobachtete, wie es schließlich zum jungen Mädchen heranwuchs und der Stolz seiner Eltern war.

Jahre vergingen, zur Aderer-Bäuerin kam ich nach sieben Kindern nicht mehr und somit hatte ich Lieschen und ihre Eltern aus den Augen verloren.

Doch eines Tages sah ich es wieder, das kleine Mädchen von damals, dem alle so zugetan waren. Sie wurde nun selbst Mutter. Ihrem ersten Kind sollte ich zum Leben verhelfen und nun hörte ich mir den weiteren Verlauf ihres Lebensweges an, der sie nach Waldkraiburg geführt hatte. Sie erzählte, dass sie einen Mann aus der alten Heimat geheiratet habe, und ihre Eltern glaubten, dass er zuverlässig und fürsorglichen sei. Gelegentlich gab es aber auch Stimmen, die zu wissen glaubten, dass Max F. der Arbeit lieber aus dem Weg ging. Alles böses Gerede, darüber waren sich Lieschen und ihre Eltern einig.

Erschöpft lag die junge Mutter in ihren Kissen, als sich ein kleines Mädchen zum Leben meldete. Der junge Vater, sichtlich müde, abgespannt, sich den Schweiß von der Stirn wischend, versicherte mir, dass dies sein einziges Kind bleiben würde, denn ein zweites Mal möchte er diese Strapaze nicht mehr mitmachen. Er hätte um sehr viel mehr ertragen müssen als seine Frau, die sich von mir beschützt und betreut wusste, während er als angehender Vater weder beachtet, geschweige denn getröstet worden sei, und das finde er ungerecht. Sein Selbstmitleid war grenzenlos. »Ich brauch jetzt einen Schnaps nach dieser Anstrengung.«

Mit diesen Worten wollte er sich aus dem Staub machen, um sich drüben in der Kneipe von der ihm aufgebürdeten Plage zu erholen. Aus berechtigten Gründen hatte ich kein Verständnis für seinen Wirtshausbesuch und sagte ihm, dass er hierzubleiben hätte, damit seine Frau für den Rest der Nacht nicht allein sein müsse. Dies sollte er als eine Selbstverständlichkeit ansehen.

Somit blieb er, um sein Gesicht nicht ganz zu verlieren. Während ich aufzuräumen begann, sah er mir, die Bierflasche in der Hand, missmutig und gelangweilt zu. Er konnte mir nicht verzeihen, dass ich seinen Kneipenbesuch nicht geduldet habe.

Auf meinem Heimweg überdachte ich Lieschens jetziges Leben, das in keinen guten Bahnen verlief. Ein Ehemann, der sein Ego in den Mittelpunkt stellte, der seine Arbeitsstellen ständig wechselte und dadurch immer längere Zeit ohne Arbeit war, während Lieschen den Lebensunterhalt in harter Fabrikarbeit verdienen und nach Feierabend die liegen gebliebene Hausarbeit erledigen musste. Während die junge Frau schwer schuftete, amüsierte sich ihr Ehemann auf dem Fußballplatz oder bei seinen Freunden in der Kneipe. Kein Ausgangspunkt für eine intakte Ehe.

Die kleine Inge sollte dennoch nicht das einzige Kind seiner Eltern bleiben.

Manfred, das fünfte Kind, machte den Platz in der viel zu kleinen Wohnung noch enger, alles wurde noch schwieriger, und Max F., der die meiste Zeit seines Lebens ohne Arbeit war, wurde aggressiv und ungerecht. Gelegentlich sah ich Spuren von Gewalt an Lieschens Gesicht und Körper, die ihre eigene Sprache hatten. Meine Frage nach der Ursache einer massiven Verletzung beantwortete sie mit Ausreden. Sie wollte um keinen Preis ihren Mann bloßstellen. Sie war angeschlagen, sie litt körperlich und seelisch, stumm und für sich allein, niemand sollte von der Brutalität ihres Mannes erfahren.

Dann, an einem regnerischen Oktobertag, geschah das Unglück, das zum Drama für diese Familie wurde. Lieschen und ihr Mann verunglückten mit dem Motorrad schwer. Während Max F. mit einem Knöchelbruch und Hautabschürfungen relativ gut davonkam, war Lieschen querschnittgelähmt, für immer. Stumm, tränenlos nahm sie diese furchtbare Nachricht entgegen, während Max F. wegen seines Knöchelbruchs schrie und tobte und allen anderen, nur nicht sich selbst, die Schuld an diesem Unglück gab. Die schwere Erkrankung seiner Frau, für die er verantwortlich gemacht wurde, interessierte ihn nur insofern, als sie andere Lebensbedingungen schuf und seiner Bequemlichkeit nicht entgegenkommen würde.

Dieses liebenswerte kleine Mädchen von damals war nun ein Wrack, angewiesen auf den Rollstuhl oder zwei Krücken. Mit ihren großen, dunklen Augen sah sie mir entgegen, als ich zu ihr kam, noch einmal zur Geburtshilfe für ein Kind, das sechste, das sie als Querschnittgelähmte empfangen hatte. Auf zwei Krücken humpelnd holte sie alles Notwendige heran, das zum Baden des Kindes gebraucht wurde.

Max F. saß, wie immer, in seinem Sessel, die unvermeidliche Bierflasche in seinen Händen, stumm, missmutig, und pflegte seinen inzwischen verheilten Knöchelbruch. Er sah zu, wie sich seine schwer behinderte Frau auf ihren Krücken abmühte, er selbst war nicht bereit, sich von seinem Sessel zu erheben und seine kranke Frau zu entlasten.

Wenn ich zusehen musste, wie dieser kerngesunde, kräftige Mann seine Bequemlichkeit pflegte, dabei sein Lieblingsgetränk in Händen hielt und den schlimmen Zustand seiner Frau kaum beachtete, da überkam mich Wut, der ich unbedingt Luft verschaffen musste.

Meine Zurechtweisung hörte er nicht gerne, das sah ich in seinem Gesicht, als er sagte: »Was kann ich dafür, wenn so viel Unglück über uns kommt und noch einmal ein Kind, das wir net braucht hätten. Ohne Bier halt ich dieses Leben nimmer aus.«

Lieschen schwieg, Tränen füllten ihre Augen, und ich antwortete: »Allein Sie sind schuld an dem schweren Schicksal Ihrer Frau, das sie nun tragen muss. Statt ihr beizustehen in ihrem Leiden, das Sie verursacht haben, bemitleiden Sie sich selbst am meisten.«

Max F. wollte gerade zu seiner Rechtfertigung ansetzen, als ich mit meiner Zurechtweisung weiterfuhr: »Was das Kind angeht, das Sie nicht haben wollten, darf ich Sie daran erinnern, dass Sie sein Erzeuger sind. Niemand sonst. Haben Sie das vergessen?«

Griesgrämig schmollte er in seinem Sessel, und ich konnte nach diesem Gespräch wieder frei atmen.

Nach der standesamtlichen Geburtsmeldung begann häufig das Gerangel um das Geld der Wochenbetthilfe. Bestimmte Männer hatten es sehr eilig, die Geburtsurkunde, die einen besonderen Vermerk trug und nur einmal ausgestellt werden durfte, vom Standesamt abzuholen, um in den Besitz des Wochengeldes zu kommen.

An diese Gepflogenheit hielt sich auch Max F., Lieschens Ehemann. Er hielt es für selbstverständlich, dass er darüber verfügen konnte. In welche Kanäle diese Summe fließen würde, darüber gab er keine Auskunft. Auf Lieschens Fragen antwortete er: »Ich brauch keine Rechenschaft abgeben, an niemanden, merk dir das.«

Doch dieses Mal kam es anders. Ich hatte dafür gesorgt, dass dieses begehrte Dokument nicht in seine Hände geriet, weil ich wusste, dass Lieschen diesen Betrag fest eingeplant hatte. Mit ihrer Vollmachtserklärung wurde mir der Betrag von der Krankenkasse ausgehändigt und ich übergab ihn ihr, damit sie über diese Summe verfügen und die dringenden Anschaffungen machen konnte.

Doch als ich tags darauf wieder zu Lieschen kam und die Menge Gläser und voll gefüllter Flaschen sah, ahnte ich den Zusammenhang und wusste, dass meine Mühe umsonst gewesen war. Ich fragte Lieschen: »Hast du vielleicht gar ...?«

»Ja«, fiel sie mir ins Wort, »Max hat mich darum gebeten und ich hab ihm das Geld gegeben. Er hat es halt gebraucht.«

»Um seine Wünsche zu erfüllen?«, fragte ich.

»Auch meine«, antwortete sie, dabei sah sie mich mit ihren großen Augen um Verständnis bittend an, als wollte sie sagen: Nur wieder gehen können, das wäre mein Wunsch, der einzige, den ich habe, aber diesen kann mir niemand erfüllen, um alles Geld der Welt nicht.

»Dir ist nicht zu helfen«, sagte ich, »aber wenn es dich glücklich macht, dann ist es gut so.«

Ausgleichende Gerechtigkeit

In der nun folgenden Geschichte geht es um den unehelichen Robert, den die Mutter in ihre Ehe mit eingebracht hatte und der nun in dem neuen Zuhause als Eindringling galt und nur zwangsläufig geduldet wurde. Für ihn gab es keine Rechte, später nur Pflichten, ihm wurde das Kindsein, die unbeschwerte Lebensfreude genommen. Immer wieder erlebte ich solche Tragödien um ungeliebte Kinder, die sich nicht wehren konnten, wenn ihnen Unrecht geschehen war. Nur in ihren Augen stand die Anklage und die Spuren von Gewaltanwendung waren oft allzu deutlich. Es war mir häufig unverständlich, dass die Mütter aus Angst vor den Ausschreitungen ihrer Ehemänner dazu schwiegen, die Misshandlungen ihrer Kinder, wenn auch schweren Herzens und mit Tränen, duldeten.

Still und friedlich lag das kleine Anwesen der Wurzinger auf dem erhöhten Ufer des Wildbaches, der rauschend seinen Weg durch Wiesen und Gebüsch nahm. Ein früher Sonntagmorgen, an dem die Schönheit der Natur zum Nachdenken anregte. Die Wurzinger-Mutter erwartete mich vor der Gartentür mit einem »Gott sei Dank, dass du da bist, die Liese wartet eh schon auf dich.« Geschäftig erledigte die alte Frau noch die letzten notwendigen Handgriffe, während Liese in der Stube auf und ab ging. »Wenn ich was tun kann, dann sagst es, viel wert bin ich nimmer«, meinte die alte Wurzingerin.

Auf meine Frage, ob denn der werdende Vater bei der Geburt seines Kindes nicht dabei sein möchte, antwortete seine Mutter: »Nein, er mag net, hat er gsagt, der Sepp.«

Wir schwiegen beide zu dieser Antwort, die mir so gar nicht recht gefallen wollte. War diese Ehe nicht das, was sie versprochen hatte? Meine Gedanken gingen zurück zu dem Tag, als ich das erste Mal an Lieses Kreißbett stand und dem kleinen Robert zum Leben verholfen hatte. Damals war sie noch zu Hause und musste als uneheliche Mutter ihr Kind zur Welt bringen, weil der Vater des Kindes sich plötzlich aus dem Staub gemacht hatte und niemand wusste, wo er sich aufhielt. Liese hatte das Glück, verständige Eltern zu haben, die das Kind mit sehr viel Liebe mit großgezogen haben.

Der kleine Robert war mittlerweile drei Jahre alt geworden, als Liese den als eigenbrötlerisch bekannten Junggesellen Sepp Wurzinger heiratete, der schon ziemlich reif an Jahren war, in der Einsamkeit mit seiner alten Mutter lebte und keine Freunde hatte, weil diesen eigenwilligen Außenseiter niemand in seinem Kreis haben wollte. Der kleine Robert kam nun mit seiner Mutter in eine neue, fragwürdige Heimat, von seinen Großeltern schmerzlich vermisst. Von seinem Stiefvater wurde er notgedrungen aufgenommen und zwangsläufig geduldet, weil es keine andere Lösung gab. Das war keine gute Ausgangsposition für dieses Kind und seine Mutter, die kein Durchsetzungsvermögen hatte.

Nun kam zu diesem Eindringling ein weiteres, ein legales Kind dazu, dessen Ankunft der Sepp ohne rechte Beteiligung erwartete. Ein gefühlloser Mann, der keine Anteilnahme an dem bevorstehenden Ereignis zeigte, der interesselos und abseits die Geburt dieses Kindes abwartete. Das kleine, frühgeborene Mädchen war nicht das erwünschte Kind des Vaters. »Ein Dirndl«, antwortete der Wurzinger auf meine Nachricht, dass ein Mädchen angekommen ist. Mit einer viel sagenden, abwertenden Handbewegung gab er seine Enttäuschung zu erkennen, dass er statt einem Sohn ein Mädchen annehmen musste. Ob er einem Buben mehr Beachtung geschenkt hätte, sei dahingestellt. Die alte Wurzingerin aber kam an das Bett der Schwiegertochter, strich ihr wortlos über die Wangen und streichelte dem kleinen Mädchen mit mütterlicher Geste das Köpfchen. »Ich freu mich, dass du da bist, wir werden dich schon mögen«, sagte sie mit leiser, warmer Stimme. Sie freute sich herzlich über dieses junge Leben, das es zur rechtmäßigen Großmutter machte.

In den Stunden der Wehen habe ich Lieses weitere Lebensgeschichte erfahren, die mich erschütterte. Durch einen Heiratsvermittler kam diese Ehe zustande, nicht gerade unter einem guten Stern. Sie erfüllte weder die Erwartungen der jungen Frau, noch die ihres Kindes. Es wurde ein trauriges Leben in dieser Familie. In dieser Ehe gäbe es für sie und Robert nur Pflichten und Einschränkungen, sagte sie, gute Worte seien eine Seltenheit von diesem eigenbrötlerischen Menschen. Aber Droh- und Schimpfworte gehörten zum täglichen Leben. Wenn er bloß Robert nicht so schikanieren würde, es gebe weder Weihnachts- noch Geburtstagsgeschenke für ihn, diese Dinge stünden unter absolutem Verbot. »Es ist ein Kreuz«, beklagte sich Liese weinend bei mir.

Die traurigen Augen des kleinen Robert, der nun an das Bett der Mutter trat, sprachen von dem Leid dieses Kindes. Ein schmächtiger, eingeschüchterter Bub, ohne Lebensfreude, der nur von seiner Mutter und gelegentlich von der alten Wurzingerin Zuwendung erwarten konnte und dies keinesfalls im Beisein des Stiefvaters. Nun kam das erste Kind dieser Familie, dem die Liese mit gemischten Gefühlen entgegensah, weil sich die Lebensbedingungen nach dessen Geburt für den kleinen Robert mit Sicherheit nicht verbessern würden.

In dieser Zeit nahm ich in die Familie der Wurzinger tiefen Einblick. Die junge Frau hatte sich in eine Lebenssituation begeben, die sie und vor allem Robert ruinieren konnte. Ein strenger Winter kam in diesem Jahr. Es klirrte vor Kälte, als ich nachts wieder auf den Einödhof der Wurzinger gerufen wurde. Es wurde das zweite Kind erwartet und man hoffte auf einen Sohn, besonders der Vater war sich sicher, dass dieses Mal sein sehnlichster Wunsch erfüllt würde.

Aber nicht alle Wünsche lassen sich realisieren, sie haben ihre eigenen Gesetze. Auch der Wurzinger musste dies leidvoll erkennen, denn auch sein zweites Kind war ein Mädchen. Der Ärger des Vaters stand in seinem verdrossenen Gesicht, er lief orientierungslos umher, gab auf keine Frage Antwort. Er war sich selbst im Weg. Schließlich stapfte er mit langen Schritten in die Einsamkeit des nahen Waldes, um seinen Unmut abzubauen.

Es waren nur noch wenige Tage bis Weihnachten. Ein Fest, das vorrangig die Kinder erfreut und beglückt. Auf dem Wurzinger-Hof gab es seit der Kindheit des Bauern weder einen Christbaum noch andere Dinge, die Weihnachten zu einem Fest machten. Doch in diesem Jahr hatte die alte Wurzingerin entschieden: »Heuer muss ein Christbaum her!« Eine geschmückte Tanne stand nun in der Stube, darunter ein Päckchen, das der kleinen, zweijährigen Elisabeth zugedacht war. Für Robert, den Außenseiter, den Eindringling, den der Stiefvater nicht als zur Familie gehörig betrachtete, gab es natürlich kein Geschenk. Wozu auch – einem fremden Kind, dem man nur notgedrungen Unterkunft gewährte, zu dem man nicht die geringste Beziehung hatte? Hier musste ein Zeichen gesetzt werden, dass es einen Unterschied zwischen den Kindern geben muss. Hier die meinen, dort der Fremde, der ledige Bankert, der nicht hierher gehörte.

Mein Eintritt in die Stube wurde wegen der lauten Diskussion, die Mutter und Sohn führten, überhört. Nun wurde ich Zeuge der erregten Auseinandersetzung der beiden, die schon längst fällig gewesen wäre. Ich hörte, wie die Wurzingerin mit wütender Stimme, die man an ihr nicht kannte, ihren Sohn beschimpfte. »Dem Dirndl hast was gekauft, ein Geschenk gemacht für Weihnachten, und was kriegt der Bub, der Robert? Nix! Hast du überhaupt kein Gefühl mehr in dir, du Büffel? Der Bub kriegt morgen, am Heiligen Abend, auch ein Packerl, das steht ihm zu. Und wenn du ihm nix gibst, dann kriegt er's von mir. Einmal muss eine Ruh sein mit dem Unterschiedemachen!« Dabei schlug sie mit der Faust auf den Tisch, um ihren Worten Nachdruck zu geben.

Die Altbäuerin hatte ein Machtwort gesprochen. Fest und energisch war dabei ihre Stimme und niemand hatte ihr widersprochen. Eine starke, gerechte, selbstsichere Frau, die sich auch im hohen Alter noch

Respekt verschaffen konnte. Ich habe große Achtung vor ihr.

Der Wurzinger verließ nach dieser Zurechtweisung durch seine Mutter wortlos die Stube. Durch das Fenster konnte ich sehen, wie er durch den Schnee mit langen Schritten auf den Wald zuging, so wie er es immer tat, wenn er mit sich ins Reine kommen musste. Liese, die nie Gegenargumente hatte und alles wortlos hinnahm, weinte und schwieg.

»Dein Weinen hilft da gar nix, du musst energisch werden, den Mund aufmachen, auch einmal auf den Tisch hauen, wenn dein Bub sein Recht net kriegt. Schreien musst und schimpfen, net weinen«, belehrte die Wurzinger-Mutter ihre Schwiegertochter. Eine gut gemeinte Zurechtweisung, die, so hoffte ich, ihre Wirkung haben würde.

Wie die Großmutter es möglich machen konnte, dem Robert, den sie als ihren Enkel ansah, so kurzfristig ein Weihnachtsgeschenk zu kaufen, war allen ein Rätsel, wenn man die entlegene Einöde betrachtete, von der der nächste Kramerladen weit entfernt war. Die Wurzingerin schwieg.

Am Heiligen Abend stand neben Elisabeths Puppe eine Lokomotive, die auf einem runden Gleis einen Waggon hinter sich herzog. Ein glücklicher, strahlender Robert kam mir am Tag darauf entgegen, um mir von dem unerwarteten Ereignis zu erzählen. »Schau«, sagte er mit großen, leuchtenden Augen, »was mir das Christkind 'bracht hat. Eine Eisenbahn, die von allein fahren kann.«

»Ja«, antwortete ich, »das Christkind vergisst seine Kinder nicht. Auch dich nicht, Robert.«

Dabei schaute er mich fragend an, weil ihm die Zusammenhänge nicht ganz klar waren.

Der alten Wurzinger-Mutter liefen ein paar Tränen über ihre Wangen, der Sepp hörte wortlos zu, nur das Trommeln seiner Finger auf dem Tisch drückte ungesagte Worte aus. Und die Liese schwieg, wie immer, sie hatte keine Meinung.

Der Wurzinger-Bauer hoffte immer noch auf den Sohn, den er haben wollte, der ihm aber versagt blieb. Denn bei den Wurzingers kamen nur Mädchen zur Welt, auch das vierte und ebenso das fünfte Kind. Es war unverständlich für den Kindesvater, der der Frage nach der männlichen Nachfolge auf den Grund gehen wollte. Aber darauf gab es keine Antwort.

Der Wurzinger resignierte schließlich, er hatte die Hoffnung auf einen Sohn aufgegeben. Er war müde geworden, die Zeichen des Älterwerdens machten sich bemerkbar. Manchmal resümierte er: »Einen Bub hätt ich halt braucht, denn wenn du als einziger Mann unter sechs Weibern allein dastehst, dann bist ein armer Tropf. Und seit die Mutter tot ist, wird die Liese auch oft so rebellisch. Warum, frag ich mich?« Nach kurzem Nachdenken setzte er hinzu: »Es ist nimmer schön auf dieser Welt.«

Er sah Robert immer noch nicht als seinen Sohn an. Robert stand außerhalb der Familie. Als in die Ehe mit eingebrachtes Kind war er kein Wurzinger, er hatte fremdes Blut. Über diesen Makel konnte dieser Mann nicht hinwegsehen.

»Du hast Robert, du bist nicht allein als Mann auf diesem Hof«, antwortete ich ihm. »Vielleicht sind deine Mädchen ein Fingerzeig, weil du Robert nie angenommen hast. Du hast ihn immer als Außenseiter betrachtet, obwohl er deine Zuneigung so nötig gebraucht hätte.«

Der Wurzinger schaute mich verwundert an und schwieg. »Er wird dir vielleicht noch einmal Stütze sein, obwohl du es nicht verdient hättest«, gab ich ihm zu verstehen. Ich sah, wie es im Kopf des Wurzinger-Bauern arbeitete. Seine angeschlagene Gesundheit und vielleicht auch meine Zurechtweisung zwangen ihn zum Nachdenken.

Auf den Wurzinger-Hof kam ich nun nicht mehr. Kindersegen gab es dort keinen mehr. Der Traum von einem eigenen Sohn blieb dem Wurzinger-Bauern unerfüllt. Die Ereignisse auf diesem Einödhof und seine Menschen hatte ich neben anderen Begebenheiten vergessen.

Sie kamen mir nach mehreren Jahren wieder in mein Gedächtnis, als ich in der Kreisstadt zwei Männern unterschiedlichen Alters begegnete. Der junge Mann, der den älteren um Haupteslänge überragte, führte diesen sichtlich schwer Behinderten vorsichtig über die Straße. Beim Näherkommen erkannte ich die beiden, Robert und seinen Stiefvater.

»Wir wollen zum Notar«, erklärte mir Robert. »Vater will die Hofübergabe machen. Mutter kommt auch gleich«, setzte Robert hinzu, während Sepp Wurzinger, der durch einen Schlaganfall halbseitig gelähmt war, nicht mehr sprechen konnte. Er nickte nur leicht.

Während die beiden nun mühsam die Straße überquerten, standen die Ereignisse von damals wieder deutlich vor mir. Robert, der Fremdling, der Eindringling, der ungewollte Bankert, wurde zur Stütze des kranken Stiefvaters, der ihm als Kind jede Zuwendung verweigert hatte.

Während die Ereignisse um die Wurzingers, die ich

über mehrere Jahre zum Teil mitgetragen habe, noch einmal in meinen Gedanken lebendig wurden, hörte ich ganz deutlich den Ausspruch unseres alten Landarztes, der immer das rechte Wort zur rechten Zeit fand und in solchen Fällen zu sagen pflegte: »Wo man hinspuckt, muss man auflecken.«

Schlusswort

Wenn ich heute meine Erlebnisse in meiner fast vierzigjährigen Berufstätigkeit als Landhebamme nachvollziehe, so kann ich verstehen, dass junge Kolleginnen lieber im Krankenhaus arbeiten, als sich bei diesem unendlichen Einsatz bei Hausgeburten abzuplagen. Die bessere Stellung der meisten Arbeitnehmer durch Urlaub und kürzere Arbeitszeit konnten die freien Hebammen nicht mitmachen. Auch entsprach das Einkommen nicht annähernd dem Lohn- und Gehaltszuwachs in anderen Berufszweigen. Dieser Beruf erforderte, wie nicht leicht ein anderer, Opfer an Geistes- und Körperkräften, weil das Leben einer freien Hebamme in den Dienst der Allgemeinheit gestellt ist, ohne Rücksicht auf die eigene Person und die eigene Familie.

Trotz allem sehe ich diese Jahre als die besten meines Lebens an, weil sie reich waren an Begegnungen mit Menschen von unterschiedlichem sozialen Status. An jedem Kreißbett stand ich mit Erwartung, gelegentlich mit Sorge, aber auch mit Freude, wenn ich ein junges Leben in meinen Händen hielt, dem ich auf diese Welt geholfen habe, wenn ich seinen ersten Atemzug, seinen ersten Schrei erleben durfte. Es waren viele glückliche Augenblicke in meinem Leben, die ich trotz der Schwere dieses Berufes in guter Erinnerung behalten habe.

© 2001 Rosenheimer Verlagshaus GmbH & Co. KG, Rosenheim

Titelbild: Die Bildertruhe Karin Naulin und Partner,
   Ainring; Fotograf: Heinz Ehrenkäufer
Lektorat: Dr. Elisabeth Hirschberger, München
Satz: Buch-Werkstatt GmbH, Bad Aibling
Druck und Bindung: Ebner Ulm
Printed in Germany

ISBN 3-475-53160-7